"인간은 얼마나 외로운 것이냐."

육사, 걷다

육사, 걷다

김태빈 지음

일러두기

– 본문에 인용한 육사의 시는 박현수 지음, 『원전주해 이육사 시전집』(예옥)을, 수필과 평론
은 손병희·홍석표·장문석 주해, 『이육사 총서』(소명출판)를 참고했습니다.

– 중국의 고유 인명과 지명은 외래어 표기법을 따르되, 현(행정구역), 거리, 공원, 산 등은 한자
독음대로 표기했습니다.
    예: 涉縣-섭현, 馬當路-마당로, 魯迅公園-노신공원, 太行山-태항산

차
례

2장
백마 탄 초인,
스러지다

———————

베이징

4장
264가 되기까지
―――――
대구·포항·경주·부여

김태빈 선생을 처음 만난 건 성북구 종암동에 '문화공간 이육사'가 세워질 즈음이다. 근처의 한성여자고등학교에서 국어 교사로 근무하고 있는 김 선생은 '문화공간 이육사'의 설립과 운영에 많은 조력을 한 것으로 안다.

김 선생이 근무하는 한성여자고등학교 초대를 받고 학생들에게 특강을 하러 갔을 때였다. 교실 창문 칸칸이 학생들이 직접 나누어서 쓰고 붙인 「청포도」시를 보고 숨이 멎을 듯 감격했던 기억이 있다. '아, 이 사람은 남에게 감동을 줄 줄 아는 사람이구나.' 싶었다. 그때부터 선생과 함께 학교며 도서관 등의 강의를 여러 차례 다녔다. 회가 거듭될수록 김 선생의 진정성과 신의가 느껴졌다.

김태빈 선생은 역사를 바르게 기억하고 알리려 노력하고 있다. 무엇보다 정확하게 쓰려고 분투하는 사람이라는 게 눈에 보였다. 내가 하는 말한마디도 허투루 듣지 않았고 놓치지 않았다. 그는 기억하고 기록하고 또 확인했다. 그리고 매사에 긍정적인 사람이라 김 선생과 함께하면 덩달아 긍정의 힘을 믿고 따르게 되니 그가 도모하는 일이면 언제든 신뢰하며 동참했다.

코로나 팬데믹 직전 중국에 갔을 때의 일도 선명하다. 상하이 만국빈의사 터 근처에서 아버지가 걸었을 것으로 짐작되는 길 위에 있었는데 그날따라 겨울비가 부슬부슬 내렸다. 그 비가 마치 아버지 영혼이 지금 내리는 비로 우리를 찾아온 것만 같다고 말했더니 김 선생은 본인의 심정도 그러하다며 그 말을 두고두고 오래 기억해 주었다.

아버지가 약산 김원봉 선생과 배를 타고 이야기를 나누었던 난징의 호수를 찾았을 때도, 아버지가 유해로 돌아와 장례식을 치른 성북동을 걸었을 때도 김 선생은 내가 느끼는 감정과 비슷한 느낌을 이야기하곤 했다. 그때마다 나는 김 선생이 아버지가 나에게 보내 주신 선물 같은 사람이라는 생각이 들었다.

김태빈 선생이 문학과 역사를 아우르는 한 권의 책을 내놓았다. 『육사, 걷다』는 김 선생이 이끄는 답사의 성격을 고스란히 따른 제목의 책이다. 선생은 함께하는 이들과 눈높이를 맞추며 몸과 마음을 다해 인물과 시대를 공유하려고 애쓰는 사람이다. 그의 행보에 무한한 신뢰와 응원을 보낸다.

2024년 1월 2일

이옥비

배반할 청춘이 없다

육사는 수필로 과거를 추억하고, 평론으로 당대를 주유周遊하며, 시로 미래를 상상했다. 그래서 육사의 시는 상징적이고, 평론은 분석적이며, 수필은 묘사적이다. 총체성이 충만했던 과거가, 지금은 온갖 모순으로 깨져버렸으나, 온전한 회복을 확신했던 육사를 통합해 이해하는 것, 이것이 나에게 육사 읽기의 어려움이었다.

육사는 자신이 '비극의 히어로'가 될 운명임을 말한 적이 있다. 그건 남에게 연민이나 동정을 받는다는 점에서 비극적이지만, 자신의 운명을 스스로 결정한다는 점에선 영웅적이다. 자신의 최후를 비극적 영웅으로 정한 육사의 마지막 행보를 우리는 알고 있다.

무너진 몸으로 육사는 홀연히 베이징으로 떠났다. 그리고 베이징의 한겨울, 차디찬 지하 감옥에서 눈도 감지 못한 채 최후를 맞았다. 나같이 되는 대로 사는 이들에게 육사의 선택은 이해받지 못했으리라. 그러나 결론이 충분히 예상되는 그 길을 육사는 외롭고 높은 '비극의 히어로'처럼 갔다.

그래서 나는 육사의 글을 읽고 길을 따라 걸으며 육사의 외로움을 오래 생각했다. 옳은 것일진 몰라도 이해받진 못했을 삶, 자기 당대의 성공을 확신하지 못했으면서도 회피하지 않았던 선택과 실천에 대해 생각했다. 의지와 신념의 인간이라는 육사에 대한 지금까지의 평가는 그래서 가혹하다.

육사는 문우에게 이렇게 말한 적이 있다. "나는 고독한 사람이야." 육사는 많이 아파했고, 오래 고뇌했으며, 끝까지 갈등했다. 할 수만 있다면 그 길에서 벗어나고 싶었으리라. 하지만 그럴 수 없음을 누구보다 육사 자신은 알았다. 삶을 투쟁으로 과장하지도, 문학으로 치장하지도 않았던 육사는 외로웠다. 그러함으로 나에게 육사는 의로움이고, 그러므로 육사는 경이롭다.

육사는 온갖 고독이나 비애를 맛볼지라도 시 한 편만 부끄럽지 않게 쓰고 싶다고 했다. 자기 운명의 길을 걷는 데 희생이 요구되기에 유서보다는 다이아몬드처럼 단단한 시를 쓰길 원했다. 부끄럽지 않은 시를 쓰는 것, 그것은 곧 행동이기 때문이다. 삶의 절정을 본 사람만이 주체적으로 행동할 수 있음을 나는 육사를 통해 확인했다.

내 문학 공부의 한 스승은 "시와 신념이 완전히 분리되어야 한다는 생각이 의문인 것처럼, 신념의 탁월함이 곧 시의 탁월함이 되리라는 견해 또한 수긍할 수 없다."고 정당하게 평가했다. 비범한 투사로서의 역경이 빼어난 문학성을 보장하진 않는다고 나도 생각한다.

육사가 항일 투사로서 상상할 수 없는 고초를 받았기에 일종의 보훈으로서 그의 시가 높게 평가돼야 한다고 생각하지 않는다. 하지만 항일 투사로서 그의 실천적 삶이 시인으로서의 경력에 가려져 알려지지 않은 것 또한 아쉽다. 나는 육사의 삶으로 육사의 시를 높이려는 게 아니라 육사의 삶이 온전히 드러나기를 바랐다. 육사는 신념과 의지의 존재이자 고뇌하고 성찰하는 인간이었다.

문학은 개인적 체험에 형식을 부여해 타인과 의미를 공유하는 자기 개방의 행위다. 육사의 삶이 망국 시기 신념과 실천의 한 전범典範이었다면 그의 시에 형상화된 그의 삶을 추적하는 노력에도 우리는 게으르지 않아야 한다. 이 책은 육사 글에 새겨진 선생의 삶을 가늠하는 나의 절실함이다.

육사는 노회로 배반할 청춘 없이 끝내 살았다. 나는 배반할 거리도 없는 청춘을 내내 살았다. 이 책을 쓰는 동안 나는 두 삶의 간극을 확인하고 부끄러웠다. 하루하루가 자기 모멸의 극복인 육사 글쓰기를 이어가며 나를 버티게 해준 건 육사의 길을 따라 걸었던 숱한 동행들이다. 일일이 거명할 순 없으나 감사의 마음을 전한다.

이제는 육사의 따님이기보다 친척 할머니같이 느낄 만큼 늘 애정과 믿음으로 응원해 주신 이옥비 여사님께 진심으로 감사드린다. 그리고 성인이 된 아들 인우와 함께 육사를 따라 걸을 그날을 기대해 본다.

2023년 12월 17일
「광야」와 「꽃」 발표일에
김태빈

옥비와 헤어지다

경성

```
                              아 버 지
            잠 시    다 녀 오 마
```

/

아버지, 사랑합니다

"이육사 선생님께서 지금 살아 계신다면 가장 하고 싶은 한마디가 무엇인지요?" 시인의 딸은 한참 호흡을 고르고 대답했다. "아버지, 사랑합니다." 사회를 보던 나와 청중은 가만히 오래 박수를 보냈다. 각자 깜냥대로 이옥비 여사의 애틋한 뜻을 짐작하면서.

안동 출신의 육사는 서울에서 얻은 딸 하나만을 남기고 가셨다. 창경궁과 담을 잇댄 명륜동 한옥에서 태어난 옥비 여사는 서울 낙산 자락 한성여고에 올 때마다 어린 시절이 떠오른 것일까? 손녀 또래의 여고생에게 그렇게 극진할 수 없다. 연습장을 북 찢어 와 사인해 달라는 무례에도, 끝도 없이 이어지는 사진 촬영 요청에도, 단 한 번도 얼굴을 찡그리지 않았다.

그러나 여사에게 창경궁과 한성여고 사이 성북동과 종묘 인근은 가슴 저린 사연이 겹겹이 서린 곳이다. 아버지가 체포돼 고국에서 마지막으로 구금돼 있던 동대문경찰서와 베이징에서 한 줌 뼛가루로 돌아온 아버지의 장례가 치러진 호상소가 이곳에 있기 때문이다.

청량리역 건너 지금의 동대문경찰서는 1998년 현 위치로 이전했기에 1943년 육사가 갇혀 있던 곳이 아니다. 1933년과 1936년 제작된 「경성시가도」와 「경성부대관」을 살펴보면, 종묘의 동쪽에 '東大門警察署동대문경찰서'가 확인된다. 이곳은 육사의 외가 어른인 성산 허겸이 71세의 고령으로 군자금을 모집하던 중 붙잡혀 옥고를 치른 곳이기도 하다. 이곳에는 현재 혜화경찰서가 있다.

청량리역 또한 옥비 여사에게 슬픈 장소다. 아버지의 모습을 마지막으로 본 곳이기 때문이다. 동대문경찰서로 면회 갈 때 육사의 부인 안일양 여사는 어린 옥비를 데리고 갈 수 없었다. 그래서 성북동 친척 집에 옥비를 맡기곤 했다.

옥비를 맡아 주던 우송 이규호는 당시 『동아일보』를 출입하던 기자로 세계정세에 어둡지 않았다. 육사가 베이징으로 이감될 것이라는 소식에 그는 육사의 마지막을 예감한다. 그래서 어린 옥비를 데리고 청량리역으로 가 아버지를 만나게 한다. 그때 아버지 육사는 딸 옥비에게 이렇게 약속했단다. "아버지 잠시 다녀오마."

세 살배기 옥비는 당시 아버지를 기억할 수 있을까? 포승에 묶이고 용수를 쓴 무서운 모습으로 나타난 아버지, 그래서 그 모습을 똑똑히 기억하노라고 옥비 여사는 증언한다. 세세한 정황이야 어머니의 전언으로 훗날 재구성되었겠지만, 아버지의 마지막 모습은 또렷하게 기억한다고 힘주어 말씀하신다.

● 이옥비 여사가 한성여고에 특강 차 오셨 을 때 본관 창문을 원고지 삼아 「청포도」를 '썼다'.

그래도 미진한지 당신이 중학교 때 겪었던 경험을 덧붙인다. 대구에서 중학교 다닐 때 대구형무소 앞에서 용수를 쓴 죄인이 줄지어 걸어가는 것을 보고 충격을 받은 적이 있단다. 아마도 먼 기억 속에 있던 아버지의 모습이 떠올라 마음이 흔들렸던 것 같다고 옥비 여사는 그 이유를 설명했다.

그리고 아버지와의 추억을 하나 더 소환한다. 아버지 육사가 화신백화점에서 벨벳 투피스와 흰색 스타킹, 그리고 분홍색 에나멜 구두를 사주었다는 것이다. 투피스에 구두를 신고 대구에 내려갔더니 동네 아이들이 너 나없이 부러운 눈으로 쳐다보며, 한번 입어 보자 했다고, 그런 기억이 난단다.

그런데 왜 일경은 베이징으로 이감할 육사를 청량리역으로 끌고 갔을까? 압록강을 건너 중국으로 가자면 당시 경성과 신의주를 연결하는 경의선을 이용해야 한다. 그렇다면 경의선의 기점인 용산역으로 가는 게 최선이다. 아니면 1920년대 경의선에 새로 놓인 용산–신촌 간 신선新線이 정

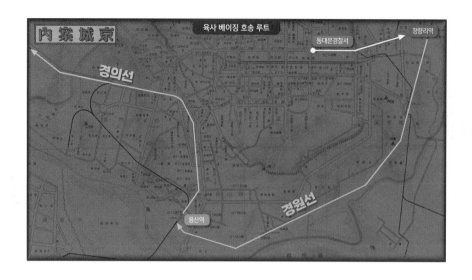

차하던 경성역, 지금의 서울역이 그다음 선택지다.

그런데 이러한 추론은 지하철과 전철로 연결되는 현재의 청량리역을 전제로 한 것이다. 1943년 당시 청량리역은 경성 용산과 원산을 잇는 경원선의 정차역이었다. 경원선 경성 구간은 용산-서빙고-수철리-왕십리-동경성으로 이어지는데, 1942년 동경성역이 청량리역으로 이름이 바뀌었다.

그러니까 경원선상의 청량리역에서 출발해 경원선의 종점인 용산역에 가면, 경의선의 시점이기도 한 용산역에서 곧장 베이징 방면의 열차를 탈수 있었다. 1943년 당시 청량리역이 동대문경찰서에서 가장 가까운 기차역이라는 점을 일경은 주목했을 것이다. 멀기도 하고 번잡한 시내를 통과해야 하는 경성역이나 용산역으로 '거물' 독립운동가를 호송하는 것은 위험하다는 판단도 했으리라.

그럼 육사는 경성에서 어떤 경로로 베이징으로 호송되었을까? 지금으로선 오히려 상상하기 어렵지만 당시 경성-베이징 구간은 직행열차가 운행되었다. 육사가 이감되기 1년 전인 1942년 3월, 경성에서 베이징까지 간 문인이 있다. 문학평론가 백철이다. 그의 수필 「경성과 북경 사이」에 그 여정이 자세하게 묘사되어 있다. 출발일 저녁 8시 경성역에서 히카리를 타면 신의주-단둥丹東-산하이관山海關-톈진天津을 거쳐 베이징에 도착하는데, 48시간이 걸리는 여정이라는 것이다.

물론 이것은 신분이 확실해야 가능한 여행 경로이긴 하다. 백철도 고백하고 있듯 '너무나 떳떳하지 못한 내 생애의 치부'인 '일본총독부의 기관지 격으로 되어 있던 매일신보사의 지국장 자격'으로 베이징에 갔던 것이다. 어떻든 백철의 이동 경로가 당시 경성에서 베이징까지의 최단이자 최선의 루트였음은 분명하다.

성북동 이육사 호상소

앞서 옥비 여사에게 낙산 자락의 한성여고와 창경궁 사이에는 동대문경찰서 외에 또 한 곳의 가슴 저린 공간이 있다고 했다. 육사의 장례식이 치러진 호상소다. 선생이 세상을 떠난 곳은 베이징이지만, 유해를 수습해와 장례를 치른 곳은 경성이다.

육사는 1944년 1월 16일 새벽 5시 베이징에서 순국했다. 이에 곧 부고를 내는데, '陸士李活氏今月十六日別世於北京客舍玆以訃告(육사 이활 선생이 이번 달 16일 북경 객사에서 별세하므로 이에 부고함)'라고 쓰고 동생 이원일, 이원조, 이원창의 이름을 붙였다. 육사의 맏형 이원기는 1942년 이미 세상을 떠났고 막냇동생 이원홍 또한 1936년에 요절했기에 부고장에는 이름이 없다.

부고장에는 호상소를 차린 날짜와 주소도 남아 있다. '甲申一月十九日^{갑신1월19일}', 그러니까 1944년 1월 19일 '京城府^{경성부} 城北町^{성북정} 122-11'에서 문상객을 받은 것이다. 나는 오랜 추적 끝에 육사의 호상소 위치를 확인했다. 간송미술관과 성북초등학교 앞 삼거리 인근이다. 현재 이곳에는 당시에도 있었을 것 같은 한옥 두 채가 남아 있다.

그런데 한 가지 의문이 가시지 않았다. 왜 성북동에서 육사의 장례를 치렀을까? 당시 종암동 큰댁이야 모두 낙향했으니 상가^{喪家}를 차릴 수 없었다 하더라도, 안일양 여사와 어린 옥비가 살던 명륜동 집이 있었고, 육사의 동생 이원일, 이원조의 집도 경성에 있었는데 말이다.

당시 지적도를 통해 호상소 주소를 확인했던 것처럼 나는 이번에는 당시의 토지대장을 뒤졌다. 그런데 놀랍게도 1944년 당시 '城北町 122-11'의 소유권자가 이규호^{李圭鎬}였다. 어린 옥비를 맡아 돌봐 주었다던 집안 어른 우송 이규호 그분이다. 육사의 아버지 존함이 이가호^{李家鎬}이니, 이규호는 육사에게 아버지 항렬의 집안 어른이 된다.

나는 옥비 여사를 모시고 함께 상하이-난징 답사를 갔던 일행에게 이 소식을 전했다. 그랬더니 『그 남자 264』를 쓰기 위해 옥비 여사를 오래 인터뷰한 적이 있던 고은주 작가가 이런 사연을 보내왔다.

"어머니께서 동대문경찰서에 마지막으로 면회 갈 때 혜화동 할아버지에게 나를 맡겨 놓았다."라고 말씀하신 부분이 있네요. 주로 우송 할아버지라고 부르시는데 딱 한 번 그렇게 혜화동 할아버지라고 얘기한 부분이 있어요. 어린 옥비가 맡겨져 있던 집……. 아, 생각할수록 애틋하네요.

육사 부고

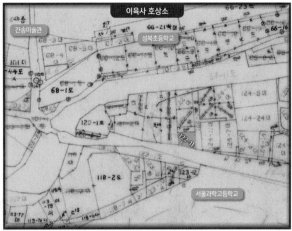

이육사 호상소

간송미술관
성북초등학교
서울과학고등학교

하지만 나는 여전히 한 가지 의구심을 떨치지 못했다. 육사가 태어나 자란 때인 1900년대 초는 대가족 제도가 보편적이었다. 그러니까 아버지 항렬의 친인척이 적지 않았을 것이다. 그런데 어떤 인연으로 육사는 이규호 선생과 각별하게 지낸 것일까 하는 의문이었다. 이 문제는 자료 조사가 아니라 발품을 통해 해결되었다.

육사의 고향인 안동 원촌마을 생가터에는 이를 기념하는 비석이 있다. 뒤에서 자세히 이야기하겠지만 육사의 생가 육우당은 현재 원래 터에는 없다. 비석 옆으로는 육사의 「청포도」를 새긴 시비가 있고, 시비 뒤쪽으로 옥비 여사가 현재 거처하는 목재 고택이 자리 잡고 있다.

안동에 답사 갈 때면 나는 고택 체험 펜션으로 운영되는 이곳에서 묵는다. 한 번은 아침 일찍 일어나 육사의 수필에 묘사된 왕모산 일출을 촬영하고 「청포도」 시비도 다시 찍었다. 그런데 시비 뒤로 오래 사람 손을 타지 않은 한옥 한 채가 뷰파인더에 잡혔다.

● 육사 생가터 비석에서 바라본 이규호 선생 고택이다.

아침 식사 때 나는 옥비 여사에게 그 집이 누구 집이냐고 여쭈었다. 그랬더니 이규호 선생 집이라고, 심상하게 말씀하시는 게 아닌가. '아, 그랬구나. 단순히 친척이어서가 아니라 고향마을에서 이렇게 가깝게 살았으니 육사가 곤경에 처했을 때 그리도 살뜰히 도움을 주었구나.' 나는 묵은 숙제를 하나 끝낸 상쾌한 느낌으로 이규호 선생 집과 이육사 선생 집터 사이를 걷고 또 걸었다.

그렇게 서럽게 서럽게 우시더래요

옥비 여사에게 아버지의 죽음은 어머니의 곡으로 기억된다. 친정 행사로 대구에 내려가 있을 때 부고를 들은 것이다. "갑자기 어머니가 머리를 풀고 곡하고 막 그러는 거예요. 그래서 그냥 어른이 울면 아기도 따라 울잖아요. 전 아무것도 모르고 따라 울었어요." 급히 상경하자 육사 6형제 중 다섯째인 이원창이 시신 수습을 위해 이미 베이징으로 떠난 뒤였다.

안일양 여사는 이육사 선생 장례식 때 자결을 결심했다고 한다. 스스로 목숨을 끊으려 했던 게 이번만은 아니었다. 자신의 남동생 일로 남편과 남편의 동지들이 고초를 겪은 적이 있었다. 그 일로 8년 동안 소박맞았을 때 그리했던 적이 있었다. 그때는 시어머니 덕분에 살아났다.

남편을 따라 세상과의 인연을 끊으려 했을 때는 어린 옥비가 안일양 여사를 살렸다. 정신을 놓고 있어 딸의 끼니조차 챙기지 못했는데, "엄마 배고파, 밥해 먹자."라는 말에 정신을 차렸다는 것이다. 옥비 여사는 기억하지 못하지만 어머니가 몇 번이고 그때 일을 이야기하더란다.

육사의 장례식에는 추모객이 많았을까? 나는 호상소를 답사할 때마다 당시의 상황을 상상해 본다. 이육사 호상소 앞 좁은 골목길이 육사의 죽음을 애통해하는 이들로 장사진을 이루었을까? 그렇지 않았을 것 같다. 육사가 순국한 1944년 초라면 대부분 문인은 친일의 길로 깊숙이 걸어 들어갔고, 대다수 조선 민중은 생존의 극한까지 몰렸기 때문이다.

나의 이런 짐작을 뒷받침하는 사연이 있다. 육사의 대표적인 사진은 육사가 마음먹고 찍은 사진이다. 최근 이 사진의 촬영 날짜가 확인되었다. 육사는 가까운 벗이던 창운 조규인에게 자신의 사진과 함께 글을 써 선물했다. 거기에 1941년 음력 4월 4일이라는 촬영 날짜가 적혀 있다. 이날은 육사의 음력 생일이다.

육사는 이 사진을 친지와 벗에게 주었단다. 육사는 어떤 마음으로 자기 사진을 주변 사람들에게 남겼을까? 앞으로는 직접 볼 수 없으니 사진으로라도 기억해 달라는 뜻이었을까, 아니면 하얼빈에서 안중근 의사가

● 1941년 4월 4일이라는 날짜와 '蒼耘창운'이라는 조규인의 호가 확인된다. 오른쪽 사진의 왼쪽 아래가 조규인이다.
ⓒ이육사문학관

그랬던 것처럼 죽음을 각오한 의지와 뜻을 전한 것일까? 육사가 전하려
던 것이 전자였든 후자였든 사진을 받은 친구 대부분은 육사의 장례식에
오지 않았다. 육사에게 군자금을 댔을 것으로 추정되는 조규인만이 왔다.
옥비 여사의 전언이다.

> 그 친구들이 우리 아버지 돌아가시고서 한 명도 안 나타났다, 하면서 다 자
> 기 목숨 살려고 그랬다면서 그렇게 와서 술을 잡수시고 그렇게 서럽게, 서
> 럽게 우시더래요.

나는 1944년 1월 이육사 선생의 장례식을 상상하면서, 이곳과 지척인
심우장에서 1937년 4월 치러진 일송 김동삼의 장례를 떠올렸다. '만주벌

호랑이'로 불리던 일송이 마포형무소에서 옥사했을 때 누구 하나 시신을 수습하지 않았다. 그러자 만해 한용운이 일송의 시신을 수습해 자신의 집에서 장례를 치른 것이다. 오일장 동안 문상 온 이는 20명 남짓이었다. 만해는 닷새 내내 통음하며 한 애국지사의 죽음을, 시류의 비정함을 통탄했다.

최근 이육사 호상소 바로 옆집이 한옥 레스토랑으로 문을 열었다. 나는 옥비 여사를 모시고, 육사를 마음에 품고 사는 분들과 이곳에서 모임을 가졌다. 어머니가 동대문경찰서로 아버지 면회 갈 때 맡겨진 집, 통곡하는 집안 어른들에 덩달아 울음을 터트렸을 그 아픔의 공간에 함께 모여 식사하고 이야기를 나눔으로써 옥비 여사가 이곳을 즐거운 추억의 공간으로 기억했으면 하는 바람에서다. 나는 함께하는 이들에게 이렇게 '모시는 글'을 보냈다.

우리가 식사할 곳은 1944년 1월 19일 이육사 선생님 장례가 치러진 곳 인근입니다. 세월의 무상함을 탓해야 할지, 세월이 약이라는 어른들의 말을 기꺼워해야 할지 모르겠으나 호상소 옆집이 최근에 레스토랑이 되었습니다.

선생은 1904년 안동에서 나셨고, 1944년 베이징에서 돌아가셨습니다 그리고 서울에서 장례가 치러졌습니다. 올해는 햇수로 치자면 선생님 돌아가신 지 80년이 됩니다.

1944년 1월 19일 이곳에 호상소를 차렸을 때 유족들은 얼마나 참담했을까요? 부고에 돌아가신 장소를 일본헌병대 지하 감옥 대신 '客舍객사', 즉 여관이라고 쓸 수밖에 없었던 시대의 아픔을 어찌 견디셨을까요?

우리 옛 어른들은 장례를 일종의 '축제'로 여겼습니다. 1944년의 선생 장

● 이육사 호상소도 같은 구조의 한옥이리라.

례가 '축제'일 수는 없었겠으나, 옥비 여사와 함께하는 오늘의 식사 자리는 감히 '축제'라고 이름 붙이고 싶습니다. 이육사 선생님을 마음에 품고 사는 분들이 이리도 많이, 이리도 기꺼이 모였기 때문입니다.

그렇게 상념은 이어져 죽음조차 알려지지 않은, 그래서 조국의 남북 어디에 무덤조차 없는 한 문인에게 가 닿는다. 상허 이태준, 그는 육사와 같은 시대를 살았지만 다른 삶을 살았다. 그러나 해방된 조국을 보지 못한 육사와 별반 다르지 않게 해방된 조국, 그러나 분단된 북쪽에서 스러졌다. 그가 월북 전까지 살던 수연산방壽硯山房이 이육사 호상소에서 지척이다.

육사가 1939년 「청포도」, 1940년 「절정」을 발표한 잡지 『문장』의 편집 주간이 상허였으니, 그때 육사가 상허를 찾아 성북동에 오지 않았을까? 그리고 두 사람은 소주 한 병 들고 '마지막 조선 땅' 심우장을 지키던 만해를 찾아가지 않았을까? 그는 『님의 침묵』을 지은, 상허와 육사의 선배 문

● 왼쪽이 상허 이태준의 수연산방, 오른쪽이 만해 한용운의 심우장이다.

인이기도 했으니까.

　상념을 거친 상상으로 나는 어느덧 1930년대 후반 성북동을 걷는 황홀한 착각에 든다. 간송 전형필의 보화각을 오르는 길은 우리 문화재를 아끼는 이들의 발길로 반질반질하고, 청년 조지훈은 아버지 조헌영을 따라 심우장에 가고, 『문장』표지 그림을 그리던 근원 김용준의 노시산방老枾山房에는 이태준을 비롯한 문인들의 발길이 끊이지 않고, 날이 어둑해지면 성북동에서 혜화동 넘어가는 길로 명륜동 집으로 향하는 육사의 뒷모습이 잡힐 듯 그려지다 사라진다.

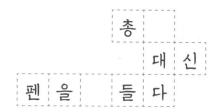

총
대 신
펜 을 들 다

만나고 싶습니다, 진정 만나고 싶습니다

육사 연보를 정리하다 보면 육사의 행적이 상대적으로 희미한 때가 있다. 1930년대 중반부터 1940년대 초까지다. 조금 더 정확하게 말하면 중국 난 징에서 군사훈련을 받고 조선으로 잠입한 1933년부터 모종의 계획을 갖 고 중국으로 떠난 1943년까지의 10년이다. 이 시기는 만주사변-중일전쟁- 제2차 세계대전-태평양전쟁 발발 시기와 대체로 일치한다.

이 시기 육사는 주로 경성에 거처하며 여행과 요양을 반복했다. 육사의 경성살이를 실체화하기 위해선 무엇보다 그의 거처를 확인하는 작업이 우선이다. 이를 바탕으로 평론에 담긴 육사의 세계관 및 정세관, 시·수필 로 형상화된 현실 인식과 의지를 파악할 수 있으리라.

육사가 경성에 처음 정착한 건 중국 난징의 조선혁명군사정치간부학

● 오른쪽 수형표에 西大門刑務所서대문형무소가 확인된다. '昭和소화 9年년'은 1934년이다.

교를 졸업하고 '도회지'에서의 '혁명공작'을 위해 경성으로 잠입한 1933년 7월이다. 이때 확인되는 최초의 주소는 친구인 류태하의 집 재동 82번지와 문명희의 집 재동 85번지다. 이곳은 현재 지하철 3호선 안국역 인근으로 헌법재판소 건너편, 식당들이 밀집한 곳이다.

이때 육사는 경성에서 무엇을 했을까? 비밀 임무를 수행하기 위한 합법적 신분 획득에 주력했다. 동생 이원조의 장인으로 당시 『조선일보』 편집 고문이던 이관용에게 부탁하는 등 적극적으로 움직인 것으로 알려진다. 노력이 결실을 맺은 건 다음 해 봄이었다. 『조선일보』 대구지국 특파원에 채용된 것이다. 하지만 육사는 대구로 가지 못하고 1934년 5월 22일 체포된다.

육사가 취직을 위해 동분서주하던 때 난징에서 함께 훈련받았던 동지들은 차례차례 검거되고 있었다. 체포된 육사는 1934년 6월 두 차례 신문을 받는다. 육사가 조사를 받은 본정경찰서는 현재 을지로 중부경찰서다. 그리고 서대문형무소에서 신원카드용 사진을 찍는다. 이곳은 육사의 외가 어른 중 한 분인 왕산 허위가 순국했던 곳이다.

　육사는 서대문형무소 수감 3일 후 기소유예 의견으로 풀려나고 두 달 후에는 기소유예 처분을 받는다. 이후 육사의 경성 거처로 신당동과 수송동 주소가 확인된다. 그리고 대구에 살던 가족이 상경해 자리 잡았던 종암동과 육사가 분가해 첫 딸을 낳았던 해방촌을 거쳐, 마지막 경성 거처인 명륜동에 이른다. 앞서 이야기한 대로 이곳에서 옥비 여사가 태어났다. 신당동 육사 거처로 「오랑캐꽃」의 이용악이 엽서를 보낸 적이 있다. 시인은 시인에게 이렇게 썼다.

　맞나고 싶습니다.
　진정 맞나고 싶습니다.(……)
　기어코 전화 걸어주십소서

　1933년부터 1943년까지의 경성 시기에 육사는 초반에는 평론을, 1935년을 기점으로 한 중후반에는 시와 수필을 썼다. 그리고 주로 경성에 살면서 지방으로 종종 여행과 요양을 떠났다. 그래서 이 시기 육사의 작품에는 경성에서의 행적과 그의 마음자리가 드문드문 보인다. 대표적인 것이 윤곤강의 시집 서평을 쓰며 인용한 「廢園폐원」의 끝부분이다.

　외로운 사람만이 안다
　외로운 사람만이 알어……
　슬픔의 빈터를 찾어
　쪽제비처럼 숨이는 마음

그렇다고 육사의 경성살이가 비관으로 일관했다는 뜻은 아니다. 육사는 윤곤강의 「氷河빙하」를 해설할 적에는 편리한 희망이나 허망한 낙관이 '우리 시인의 대부분을 정복하는 이미지'로 군림한다고 당대 문단 현실을 비판한다. 그러고선 용은커녕 미꾸라지 한 마리도 안 나와도 無可奈何무가내하이고 실은 이 경지를 깨끗이 떠나는 데 '조선 시의 한 계단이 갱신'되는 것이라고 주장한다. 아무리 가혹한 현실이라도 있는 그대로 수용하는 엄격한 현실 인식을 육사는 요구했던 것이다.

「'시나리오' 문학의 특징—예술형식의 변천과 영화의 집단성」에서 육사는 자신의 예술관을 피력하기도 했다. 육사는 영화의 대본인 '시나리오'의 문학적 특징을 밝히기 위해 근대소설사를 개관한다. 자연주의와 사실주의, 발자크와 레마르크를 종횡무진한 육사가 영화에 대해 내린 결론은 이렇다.

> 영화에 있어서는 개인의 운명보다는 집단의 운명이 주요한 '테마'인 것이다. 수직적으로 역사를 말하는 대신 수평선적으로 지리를 말하고 개인을 묘사하는 대신에 집단을 묘사하는 것이다. 그리하여 그 집단의 심리와 성격과 운명이 묘출되어야 한다.

집단의 운명이 중요하다고, 그래서 집단의 성격과 운명을 묘사하는 것이 기존 예술 장르와 다른 영화의 본령이라는 육사의 분석은 예술과 현실의 관계에 대한 그의 생각을 보여 준다. 제2차 세계대전 발발 4개월 전에 발표된 이 글을 통해 육사는 자신을 포함한 식민지 조선 예술가가 앞으로 걸어야 할 방향과 자세를 제시했다고 나는 생각한다.

예술은 정치의 선구자

중국에서 돌아온 후 경성에 정착한 육사는 난징에서 군사 간부로서 훈련받았던 때의 목표나 방향과는 다른 행보를 보인다. 육사가 일경에 발각되지 않고 비밀리에 임무를 수행했는지는 알 수 없지만, 적어도 겉으로 드러난 그의 행적은 무장투쟁에서 문화·문예활동으로의 전환을 보여 준다. 이와 관련해 주목할 글이 있다. 1946년 출간된 『육사시집』에 수록된 동생 이원조의 발문이다.

> 문학청년이 아니었던 그가 30 고개를 넘어서 비로소 시를 쓰기 시작해서 그처럼도 시를 좋아했던 것은 아마 그의 혁명적 정열과 의욕이 그대로 사라지지 않은 채 시에 빙자해 꿈도 그려보고 불평도 포백暴白한 것일 것이다.

여기에는 우리가 흔히 간과하는 중요한 사실이 제시돼 있다. 육사가 문학청년이 아니었으며, 시도 당시로서는 중늙은이에 해당하는 서른이 넘어서야 썼다는 사실이다. 육사의 동생이자 당대 육사보다 훨씬 더 유명했던 문학평론가 이원조가 육사의 창작에 대해 모를 리 없었을 테니 이는 신뢰할 만한 증언이라고 판단된다.

평론가 이원조가 밝힌 시인 이육사의 창작 의도는 '혁명적 정열과 의욕'이다. 물론 이는 해방 이후의 평가니 다소 과장되거나 단순화한 것일 수 있다. 하지만 중요한 건 육사가 시를 통해 자신의 꿈을 형상화하고 현실에 대한 불만도 토로했다는 이원조의 짐작이다. 이 시기 육사는 무장투쟁이라는 직접적 방법을 통해서가 아니라 시를 포함한 예술창작이라는 간접적이되 총체적인 방법을 통해 그의 이상을 기획하고 현실에 응전했음을 알 수 있다.

여기에는 그럴 수밖에 없는 이유가 있었다. 육사를 포함한 조선혁명군사정치간부학교 1기 졸업생 전체가 검거된 것이다. 일본 경찰에 신분이 노출된 상황에서는 어떤 임무 수행도 어려웠으리라. 그래서 합법적인 문화 활동이나 문학작품 창작으로의 방향 선회가 요구되었을 것이다.

육사가 당시 정세에 대한 판단을 근본적으로 수정했을 가능성도 있다. 이를 바탕으로 전통문화 계승 활동이나 문예창작에 주목했을 수 있다. 이와 관련해 1934년 5월 신문조서가 주목된다. 육사는 조선에 들어온 후 간부학교 2기생을 모집하는 것 이외의 활동을 진술하라는 질문에 이렇게 답한다.

> 현재의 조선은 도저히 독립은 불가능하다고 생각하므로 차기 반원을 모집하더라도 아무런 효과가 없으므로 그것을 단념하고, 또 혁명 의식의 주입이나 투사의 획득 등 사위四圍의 상황으로 보아 허용되지 않으므로 어떠한 활동을 한 일이 없다.

이것은 육사의 기만술책일까, 진심의 일단일까? 육사가 '조선혁명'을 위한 '간부학교'를 졸업했음에도 구속되지 않고 풀려난 이유는 일경을 지혜롭게 속였기 때문일까, 아니면 무장투쟁노선을 포기했기 때문일까? 1934년 7월 작성된 「이원록 소행조서」에는 육사가 항상 조선의 독립을 몽상하고 있기에 개전改悛의 정을 인정하기 어렵다고 쓰여 있다. 하지만 같은 해 11월 작성된 「남경군관학교의 진상」에는 조선 내에서는 아직 어떠한 활동 사실이 없고 또 고칠 가능성이 현저하다는 점이 인정되기에 기소를 유예한다고 기록하고 있다.

• 현재 유일하게 남은 조선혁명군사정치간부학교 훈련 장소인 천녕사天寧寺다.

다시 묻자. 왜 육사는 간부학교 졸업 이후의 중요한 임무, 그러니까 도시 빈민과 노동자를 규합하거나 차기 훈련 후보를 모집하는 일을 하지 않았을까? 하지 않은 것인가, 아니면 하지 않았다고 진술했을 뿐인가? 그리고 '고칠 가능성'이란 무엇인가? 독립운동에 투신했던 과거와 생각을 고칠 가능성으로 읽히는데, 육사의 본심은 무엇이었을까?

이것이 1930년대 중반 이후 육사의 글쓰기와 관계가 있는가? 정치평론 대신 시와 수필을 포함한 문예 분야를 택한 것과 관련이 있을까? 육사는 무장투쟁을 통한 독립운동 가능성을 포기했던 것일까? 아니면 직접적 무력항쟁 대신 문학을 통한 포괄적인 인식의 혁명을 꿈꾸었을까?

나는 육사가 조선독립이라는 대의를 유지하되 그에 이르는 전략을 바꾸었다고 생각한다. 이는 육사 항일투쟁의 후퇴를 의미하지 않는다. 그랬다면 중일전쟁 이후 대다수 문인이 그리했던 것처럼, 육사도 친일의 길로 걸어갔으리라. 그러나 육사는 1943년 무너지는 육신을 가까스로 일으켜 중국 내 조선 독립운동 세력의 좌우합작과 조선으로의 무기 반입을 위해 목숨 걸고 베이징으로 갔다. 그리고 베이징 일본헌병대 지하 감옥에서 순국했다.

이 시기 국외에선 1931년 만주사변에 이어 괴뢰 만주국의 시대가 열린다. 이제 신흥무관학교의 서간도와 봉오동·청산리 전쟁의 무대였던 북만주는 항일투쟁의 터전이 아니라 일본제국주의 괴뢰국으로 전락했다. 국내에서는 1931년 민족 최대의 좌우합작 단체인 신간회가 해소되면서 반일 활동의 영역이 극도로 축소되었다.

이런 상황에서 육사는 우선 조선학운동을 접한다. 조선학운동이란 1934년 위당 정인보를 중심으로 다산 정약용 서거 99주기를 기념한 『여유당전서』 간행에서 시작된 문화운동이다. 이는 조선사편수회의 조선 역사 왜곡에 맞서 일본보다 상대적 우위에 있던 문화연구를 통해 민족적 자긍심을 일깨우려는 계몽운동이었다.

조선 내에서 무장투쟁이나 정치적 활동이 불가능한 상황에서 현실적으로 선택 가능한 것은 문화운동이었다. 육사는 이전에도 민감하게 시대의 흐름을 읽어 사회주의라는 사상투쟁과 간부학교 입교라는 무장투쟁의 길에 투신했다. 마찬가지로 육사는 1930년대 중반에는 전통문화를 연구하고 문학작품을 창작하는 것이 최선이라는 판단하에 이 일에 헌신한 것은 아니었을까.

조선학운동에 참여하면서 육사는 평생의 벗 신석초를 만난다. 두 사람은 1930년대 후반 경주와 부여 두 고도古都를 여행하며 우리의 유구한 문화를 구체적으로 경험한다. 또 조선학운동의 성과를 대중에게 알리려던 학술지 성격의 『신조선』에 시를 발표하면서 육사는 시인으로서의 면모도 갖춘다.

육사는 1930년대 초부터 1940년대 초까지 시뿐만 아니라 평론도 발표했다. 시사평론이 9편이고 문학 및 문화비평이 7편이다. 전반부에는 주로 중국 정세를 통해 당대의 정치·경제에 대해 천착했고, 후반부에는 문화 전반에 관심을 보였다. 그 분기점이 되는 글이 1936년 발표한 「루쉰 추도문」이다.

같은 해 조선 총독으로 부임한 미나미 지로는 '내선일체'를 주요 정책으로 내세웠다. 그리고 1년 후 발발한 중일전쟁 시기 조선은 일제의 침략전쟁 병참기지로 전락한다. 부화뇌동하던 다수 조선 문인이 '정치의 노예'를 자처하던 때, 육사는 루쉰(루쉰_{魯迅}은 노신의 중국어 발음)을 추도하는 기회를 통해 '예술이 정치의 선구자'가 되어야 함을 일갈한다. 문학으로의 방향 전환 후에도 식민지 지식인으로서의 본령을 육사는 잊지 않았던 것이다.

> 오늘날 우리의 조선 문단에는 누구나 할 것 없이 예술과 정치의 혼동이니 분립이니 하여 문제가 어찌 보면 결말이 난 듯도 하고 어찌 보면 미해결 그대로 있는 듯도 한 현상인데 (……) 루쉰에 있어서는 예술은 정치의 노예가 아닐 뿐 아니라 적어도 예술이 정치의 선구자 (……).

이 글이 발표된 1936년 시점에서 예술과 정치의 관계를 논하는 것은 매우 위험했다. 동시에 그만큼 절실한 것이기도 했다. 육사는 펜이 칼이 될 수 있음을 믿었을까? 나는 그렇다고 생각한다. 「루쉰 추도문」을 통해 육사는 루쉰의 삶과 문학을 요약하는 동시에 자신이 나갈 길을 확인했다. 육사는 이 글을 발표한 후 더 이상 정치평론을 발표하지 않았다. 이는 육사가 문화와 문학에서 새로운 길을 찾았음을 강하게 시사한다.

● 상하이 노신공원 내 루쉰 묘소

그렇기에 「루쉰 추도문」을 단순히 루쉰의 죽음을 애도하는 글로만 읽어서는 안 된다. 당시 육사는 루쉰을 통해 정치·사회와 예술·문학의 관계를 고민했고, 실천적 방향도 가늠했다. 그런 절박함을 읽었기에 육사가 이 글을 발표했을 당시의 정경을 이봉구의 글에서 찾았을 때 나는 무척 반가웠다.

"오늘 밤은 노신을 추도하는 뜻에서!" 각기 주머니를 털어 육사에게 한턱 쓰며 춘발원(지금의 명동의 중국 술집)에서 '챠휘'를 안주 삼아 배갈을 마시며 노신 이야기에 자정을 넘어서야 단풍 든 나뭇잎이 머리를 스치는 거리로 나섰다.

인간은 얼마나 외로운 것이냐

육사의 작품인지 논란 중인 1930년의 「말」을 제외하면, 육사의 시는 모두 경성에서 생활하던 1935년부터 1941년 사이에 발표되었다. 그중에서도 1938~1941년 4년 동안 전체 시의 60%가 발표되었다. 해방 후 유고로 발굴된 9편도 대부분 이 시기에 창작된 것으로 추정된다.

육사는 서울에서 활동하던 때 수필도 여러 편 발표했다. 1934년 「창공에 그리는 마음」을 시작으로 1942년 「계절의 표정」과 「고란」까지 10여 편의 작품을 꾸준히 내놓았다. 장르 성격상 수필에서 육사의 경성살이가 시보다 구체적으로 드러난다. 그동안 주목받지 못한 육사의 시를 통해 당시 그의 내면을, 수필을 통해서는 그의 경성 생활의 일단을 재구성해 보자.

육사가 난징 군관학교 일로 고초를 겪은 직후 발표한 수필 「창공에 그리는 마음」은 경성 생활 초기 그의 내면을 읽는 데 도움이 된다. 이 작품을 발표한 1934년 10월이면 육사가 체포와 신문을 거쳐 풀려난 지 4개월 후다. 가을 단풍놀이로 금강산, 소요산으로 탐승객探勝客들이 떠나자 육사와 같이 '올데갈데없이 밤낮으로 잉크 칠이나 하고 있는 사람'에게 도시의 창공은 '사유재산인 것'도 같다.

육사는 짧게 얻은 이 기회를 놓치지 않는다. 온전히 독점하게 된 맑고 높은 가을 하늘에 사유의 붓으로 그림을 그린다. 식민지 조선에선 '용납될 수 없는 존재'를 모두 불러 모아 새로운 세계를 창조한다. 일하는 사람이 주인인 세상, 유쾌하게 일하되 착취당하지 않는 세상, 그래서 '생활의 원리와 양식에 갈등'이 없는 세상을 육사는 그렸다.

이러한 상상은 '나의 자유'다. 그러나 이 자유는 허망하고 서럽다. 현실의 식민지 조선인은 온갖 모순으로 약탈당하고 핍박받기 때문이다. 그러니 육사의 탄식은 당연하다. "마음은 창공을 그리면서 몸은 대지를 옮겨

디뎌 보지 못하는가?" 하지만 육사는 절망하지 않는다. 창공에 그린 상상은 허망하지만, 땅에 일군 마음은 다르지 않겠는가. "다시 대지에 너의 마음을 마음대로 그려보자."

'봄의 근심 세 편' 정도의 의미인 「春愁三題^{춘수삼제}」는 육사가 경성에서 발표한 첫 작품이다. 이 작품은 세 편의 시조가 이어진 연시조처럼 보인다. 세 편 모두 삼행으로 구성되었고 마지막 행 첫 구는 3음절이다. 미나리 장수의 호객 소리와 시냇가 빨래하는 여인의 방망이 소리를 묘사한 두 작품과 달리 마지막 작품은 근대도시 경성의 모습이 살짝 엿보인다.

> 빌딩의 피뢰침에 아지랑이 걸려서 헐떡거립니다,
>
> 돌아온 제비 떼 포사선^{抛射線}을 그리며 날려 재재거리는 건,
>
> 깃들인 옛 집터를 찾아 못 찾는 괴롬 같구료.

제비의 재잘거림을 옛집을 찾지 못한 괴로움으로 읽는 시적 화자의 의도는 분명해 보인다. 옛집이 사라져 찾지 못하는 제비의 당혹스러움은 당시 자기 땅을 빼앗긴 식민지 조선인의 처지와 그대로 겹친다. 미나리 장수의 외침에 옥에 간 맏아들의 입맛을 그려 보는 늙은 어미도, 봄볕 좋은 날이건만 고된 노동을 해야 겨우 먹고살 수 있는 조선 여인네 모두 식민지 조선 백성의 제유^{提喩}다.

이때 육사는 요양 생활을 거듭했다. 1927년 처음 체포되었을 때 극심한 고문으로 폐결핵을 얻었고 평생 이로 인해 고통을 받았다. 확인된 것만도 1936년 포항 요양, 1941년 경주 요양, 1941년 성모병원 입원, 1942년 수유리 요양 등이다. 이런 정황을 짐작할 수 있는 시 한 편이 있다.

1935년 12월 발표한 「黃昏^{황혼}」 말미에는 '五月^{5월}의 病床^{병상}에서'라는 구

절이 달려 있다. 이 작품을 1935년 5월 병중에 썼다는 뜻일 텐데, 1927년 이래 얻은 폐결핵이 그냥 재발할 리는 없고, 아마도 1년 전 체포된 후 한 달여 구금되고 조사받는 과정에서 다시 몸이 상한 것으로 추측된다. 다음 해에 포항으로 요양까지 간 걸 보면 이때 육사는 건강을 크게 해친 것으로 보인다.

> 내 골방의 커-튼을 걷고
> 정성된 맘으로 황혼을 맞아들이노니
> 바다의 흰갈매기들같이도
> 인간은 얼마나 외로운 것이냐

육사가 시를 가장 많이 발표한 시기는 1938년부터 1941년 사이다. 이때 대표작으로 알려진 「청포도」와 「절정」도 연달아 발표된다. 그래서인지 우리는 두 작품의 분위기가 얼마나 다른지 인식하지 못한다. 두 작품은 제목만큼이나 시작도 다르다. 「청포도」는 "내 고장 칠월은 / 청포도가 익어가는 시절"로 시상을 연다. 학창 시절 '내 고장', '칠월', '청포도'를 온갖 의미로 해석하는 데 진저리를 쳤겠지만, 우리에게 남은 건 따스하고 부드러운 느낌이다.

그런데 「절정」은 어떤가? "매운 계절의 채찍에 갈겨 / 마침내 북방으로 휩쓸려오다" 역시 시대적 상황을 고려한 '매운 계절', '채찍', '북방'의 상징적 의미를 외우느라 넌더리를 냈겠지만, 우리에게 「절정」은 춥고 매서운 느낌으로 각인돼 있다.

앞서 언급한 대로 두 작품은 5개월 전후로 같은 잡지에 실렸다. 「청포도」가 『문장』 1939년 8월호, 「절정」은 다음 해 1월호에 발표되었다. 반년

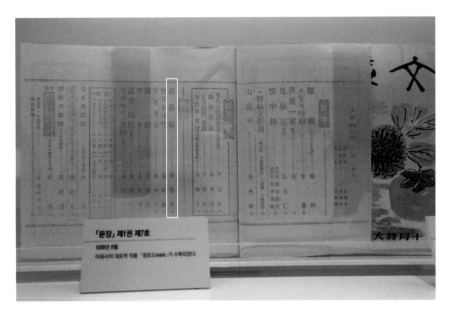

● 『문장』 1939년 8월호 영인본으로 목차 가운데 '靑葡萄 李陸史'가 확인된다.

이 안 되는 이 시기에 도대체 무슨 일이 있었길래 육사는 전혀 느낌이 다른 두 작품을 연달아 내놓았을까? 어떤 사건이 육사의 마음을 「청포도」의 순결한 희망에서 「절정」의 결연한 의지로 바꾸어 놓았을까?

육사의 마음을 다 알 순 없지만 주목되는 사건이 없진 않다. 1939년 9월 발발한 제2차 세계대전이다. 독일의 폴란드 침공으로 제2차 세계대전이 발발하자 파시즘에 저항했던 유럽 작가들에 관심을 보였던 육사 또한 마음을 다잡지 않을 수 없었으리라. 자신의 정신적 뿌리마저 부정하는 창씨개명을 강요했던 당시 정황도 퇴계의 14대손인 육사에게 강한 거부감을 일으켰을 것이다.

'고달픈 몸'으로나마 찾아온다고 했던 '내가 바라는 손님'의 방문은 아득히 멀어지는 상황이 전개된 것이다. 그래서 육사는 '하이얀 모시 수건'

과 '은쟁반'을 준비하는 대신 '겨울' 같은 당대 식민지 현실을 '강철로 된 무지개'로 역설적으로 형상화한다. 그리고 불의한 시대에 자기희생을 감내한 비극적 초월을 다짐했던 것이리라.

공식적인 매체에 보이는 육사의 마지막 시는 1941년 12월 발표한 「파초」다. 하지만 내가 생각하기에 육사가 마지막이라는 심정으로 시를 발표한 건 1941년 4월, 『문장』 폐간 때인 것 같다. 이때 육사는 논문 1편과 「자야곡」, 「서울」, 「아미」를 발표한다. 여기에 논문 1편과 시 2편을 발표한 신석초는 그래서 『문장』 종간호를 '우리의 독무대'라고 쓴 적이 있다.

『문장』 1941년 4월호에는 백석의 「흰 바람벽이 있어」와 「국수」도 실렸다. 육사가 "수만 호 빛이라야 할 내 고향이언만 / 노랑나비도 오쟎는 무덤 위에 이끼만 푸르리라."라고 고향과 조국 상실을 노래할 때, 백석은 "나는 이 세상에서 가난하고 외롭고 높고 쓸쓸하니 살어가도록 태어났다."고 받았다. 그러나 우리가 잘 알 듯 이 시는 이렇게 마무리된다.

하눌이 이 세상을 내일 적에 그가 가장 귀해 하고 사랑하는 것들은 모두 가난하고 외롭고 높고 쓸쓸하니 그리고 언제나 넘치는 사랑과 슬픔 속에 살도록 만드신 것이다

간디 같은 여인이 되어라

1934년 발표된 박태원의 「소설가 구보씨의 일일」은 1930년대 초반 식민지 경성의 모습을 관찰-의식, 풍경-내면, 과거-현재가 겹치는 구조로 보여준다. 나는 박태원의 작품을 오마주해 '시인 육사의 일일' 답사를 기획했다. 이를 통해 나는 육사가 관찰했던 경성과 이를 내면의 필터로 거른 작품을 살피려 한다. 이는 물리적 하루의 이야기가 아니라 과거와 현재가 수시로 겹치는, 재구성된 한나절의 산책이다.

나는 가상의 '육사 경성 산책'을 1941년 가을로 잡았다. 출발지인 명륜동 거처에서 1941년 3월 딸 옥비가 태어났고, 도착지인 종암동에는 그 전해 대구에서 상경한 부모님과 형님, 형수님이 살고 있었다. 그리고 몇 곳의 경유지에 관한 육사의 경험과 기록이 1941년 이전의 것이기 때문이다.

또 다른 이유는 1941년 당시 육사를 포함한 조선 지식인·작가의 현실 대응이 극적인 대비를 보이기 때문이다. 임종국 선생의 『친일문학론』에 따르면 1939년을 전후하여 문단은 강력한 시국의 영향을 받기 시작했다. 1939년이면 2년 전 시작된 중일전쟁과 2년 후 터질 태평양전쟁의 딱 중간이자, 앞서 이야기한 대로 제2차 세계대전이 발발한 해다.

일제강점기 조선 문인의 친일 행적은 이때 본격화된다. 1937년 중일전쟁과 1941년 태평양전쟁을 매개하는 이 시기는 식민지 조선을 병참기지로 만들기 위한 온갖 '국책'이 시행되던 '신체제'였다. 한 작가는 그 정황을 이렇게 정리했다. 우리가 교과서에서 한국 근대 문학의 선구자로 배웠던 김동인이다.

> 우리들 문단인이 시국에 깊은 관심을 가지고 내선일체로 국민 의식을 높여가게 된 것은 만주사변 이후다. 만주사변은 '만주국'이 탄생하고 만주국 성립의 감정이 지나사변(중일전쟁)으로 부화되자 조선에서 '내선일체'의 부르짖음이 높이 올리고 내선일체의 대행진이 시작된 것이다. 이번 다시 대동아전(태평양전쟁)이 발발되자 인제는 '내선일체'도 문젯거리가 안 되었다. 지금은 다만 '일본신민'일 따름이다.

이때 육사는 무엇을 했던가? 시를 쓰고 베이징행을 고민했다. 김동인과 같은 방향으로 걸어간 작가들은 어떠했는가? 두 작가의 행적으로 당시를 스케치해 본다. 육사는 「신진작가 장혁주군 방문기」란 인터뷰 기사를 쓴 적이 있다. 장혁주는 1932년 일본 잡지 『改造개조』 현상공모에 당선되었다. 조선인이 일본 문단에 등단한 게 적잖은 관심을 불러온 듯, 1932년 4월 잡지 『改造』가 출간되자 전화가 빗발치듯하고 나는 듯이 팔렸다고 육사는 쓰고 있다.

장혁주는 1939년 「조선의 지식인에게 호소함」을 발표한다. 이 글에서 그는 정당을 통한 조선 통치가 오히려 우려스럽고, '군부 정치야말로 진보적'이라고 단언한다. 그리고 장혁주는 이런 주장으로 자신이 파쇼라 불린다면 그 또한 감내하겠다고 썼다.

창씨개명 신청은 1940년 2월 11일부터 접수를 받았는데 당일에 48건, 다음 날 39건이 접수되었다. 이 87건 중 하나로 제출된 게 이광수의 창씨성명, 香山光郎^{가야마 미쓰로} 신청이었다. 임종국 선생은 이광수가 평북 출생이니 묘향산^{妙香山}의 '香山'을 땄으리라 짐작했단다. 그런데 이광수의 다음 글을 읽고선 '그만 허둥지둥 쥐구멍을 찾기 시작'했다고 짐짓 너스레를 떨었다.

> 지금으로부터 2600년 진무 천황께옵서 어즉위를 하신 곳이 가시하라인데, 이곳에 있는 산이 가구야마^{香久山}입니다. 뜻깊은 이 산 이름을 씨로 삼아 '香山'이라고 한 것인데 그 밑에다 '光洙^{광수}'의 '光' 자를 붙이고 '洙' 자는 내지식(일본식)의 '郞'으로 고치어 '香山光郞'이라고 한 것입니다.

이 정도로 당시 정황을 이해하고 '시인 육사의 일일'을 시작하자. 육사와 안일양 여사의 첫 자식은 아들 동윤이었다. 1930년에 태어났지만 두 돌을 넘기지 못하고 세상을 떠났다. 육사 부부가 다시 자식을 얻은 건 1940년 경성 홍제동에서다. 그러나 첫째 딸 경영은 호적에 올릴 새도 없이 부모 곁을 떠났다. 일 년 후 육사는 세 번째 자식을 얻는다. 옥비다. 둘째 딸이자 장성한 유일한 자식이다. 그녀가 태어난 곳이 명륜동, 당시로는 명륜정 3정목 57-3이다.

옥비라는 이름을 처음 들었을 때, 나는 '역시 시인이구나, 딸 이름을 예쁘게도 지으셨네.' 생각하며 가볍게 웃었다. 그런데 한자를 확인하고선 경악했다. 비옥할 옥沃에 아닐 비非, 부유하고 편안하게 살지 말고, 간디 같은 여인이 되라며, 딸이 태어나고 백일을 고심해 지었다는 이름에 육사의 삶이 고스란히 얹혀 있었기 때문이다.

육사는 딸의 이름을 고민하며 생각했으리라. 식민지 조선에서 내 딸만 행복하기는 불가능하다고, 그런 바람은 염치없는 짓이자 욕된 것이라고. 딸의 행복을 위해서라도 조국 독립을 쟁취하고 새로운 세상을 열어야 한다고. 그러면서도 아버지 육사는 딸이 평생 듣게 될 이름임을 생각해 곱고 단아한 뉘앙스를 포기하지 않았다.

육사의 명륜동 거처는 창경궁 동쪽 담과 잇닿아 있었다. 지금도 창경궁에서 흘러나온 개울을 마을 빨래터로 사용한 흔적이 집 옆에 남아 있다. 육사 가족이 거처하던 당시 이곳은 한옥이었다. 어렸을 때 낮은 담 너머로 명륜동 집을 늘 감시하던 경찰을 봐온 탓에 옥비 여사는 트라우마를 갖게 되었다고 회고했다. 그래서 커서도 경찰서가 있으면 먼 길을 빙 돌아다녔단다.

좋은 기억이 없는 건 아니다. 봄바람이 불면 창경궁의 벚꽃이 담장을 넘어왔고, 그럴 때면 아버지가 한 폭의 동양화를 보는 것 같다며 감탄했노라고 딸은 회상하기도 했다. 지금은 2층 양옥이 들어서 멀리 보이는 창경궁 담장으로 이때의 정경을 상상할 뿐이다.

'시인 육사의 일일' 답사를 진행할 때다. 늘 내 답사를 응원해 주는 노년의 선배 한 분이 이 이야기를 듣고 당신의 대학 때 이야기를 해주었다. 1970년대에는 창경'원'에서 '야사쿠라 미팅'을 자주 했단다. 그게 뭐냐고 여쭈니, 벚꽃이 피는 밤에 창경궁에서 미팅하는 것을 그리 불렀단다. 아

시인 육사의 일일

경복궁 해태
명륜동 거처
창경원 정문
미쓰코시백화점
환선서점
명치옥
화신상회
종암동 큰댁
동대문 전차점

● 1936년 간행된 「대경성부대관」에 '시인 육사의 일일' 동선을 표시했다.

마도 이는 일본인이 즐기는 '요자쿠라夜櫻'에서 夜야 자를 한자 독음으로 읽은 것이리라.

나는 명륜동 시절 육사가 창경궁, 아니 창경'원'을 종종 찾지 않았을까 짐작한다. 조선왕조와 대한제국의 왕궁이었다가 한낱 유락 시설로 전락한 창경'원'에 육사는 왜 갔을까? 창경궁의 정전 명정전明政殿 때문이다. 기록에 따르면 고종의 명에 따라 '明政殿' 편액 글씨를 쓴 이는 아정 허민이다. 그는 육사의 큰외삼촌이다.

육사의 외할아버지 범산 허형은 의병장이자 서간도로 망명한 독립투사였다. 범산은 세 아들을 두었는데, 허민, 허발, 허규다. 육사가 둘째와 셋째 외삼촌인 허발과 허규로부터 큰 사랑과 도움을 받았다는 사실은 여러 기록으로 확인된다. 하지만 허민과의 인연은 알려지지 않았다. 나는 육사가 명정전 편액을 큰외삼촌 뵙듯 자주 찾지 않았을까 상상한다. 궁궐 전

● 창경궁 정전인 명정전으로, '明政殿' 편액은 육사의 외삼촌 허민이 쓴 것으로 알려진다.

각으로는 가장 오래된 이곳에서 육사는 외가의 정신과 우리 역사의 유구함, 그리고 문화적 역량을 읽어 내려 애쓰지 않았을까?

거리의 주인공인 해태

창경궁에서 경복궁을 가자면 재동을 거치게 된다. 현재 헌법재판소 인근이다. 1933년 중국 난징에서 조선혁명군사정치간부학교 1기를 졸업하고 비밀 임무를 수행하기 위해 경성에 들어온 육사가 기거했던 첫 번째 경성 거처가 재동이라고 앞서 이야기했다.

　당시에는 없었던 북촌로 5길, 정독도서관 앞길을 따라 서쪽으로 걷다 보면 경복궁 동쪽 출입구, 정식 명칭으로는 국립민속박물관 입구를 만나게 된다. 그런데 왜 이곳에 출입구가 있을까? 경복궁 동문은 이곳에서 남쪽으로 조금 내려간 곳에 위치한 건춘문建春門인데 말이다. 현재의 국립민속박물관도 1960년대에 건축된 것이니 애초의 경복궁 출입문과는 관계가 없다.

여기에는 우리에게 잊혔지만 꽤 깊은 상처로 남은 사연이 있다. 경복궁의 정문 광화문이 한참 동안 이곳에 있었다. 일제는 조선 강점 이후 남산 북쪽 자락의 왜성대 조선총독부를 확장 이전할 계획을 세우고, 조선의 정궁 경복궁을 그 부지로 결정한다. 광화문과 근정문 사이에 있던 흥례문興禮門 자리다.

1916년 건설을 시작해 1926년 준공된 이곳은 경복궁 전각과 전연 이질적인 거대한 석조건물이었다. 이어 광화문과 경복궁 남쪽 담장 철거가 논의되었다. 그러나 광화문의 상징성 때문인지, 아니면 야나기 무네요시의 "광화문이여, 광화문이여, 너의 목숨은 이제 얼마 남지 않았다. (……) 나는 죄짓는 자 모두를 대신하여 사과하고 싶다. 나는 그 증표로 지금 붓을 들고 있다."라는 글 덕분인지, 그것도 아니면 3.1운동으로 확인한 조선 민중의 반일 의식을 염려해서인지 광화문은 철거되지 않고 옮겨진다.

광화문이 한국전쟁 때 폭격으로 문루가 불타는 참혹한 피해를 입은 곳도 그래서 경복궁 남쪽이 아니라 동쪽이다. 원상 복구 여론이 일자 광화문을 원래 위치로 옮기지만 이번에는 콘크리트 한옥으로 지어져 복원이라는 말이 무색할 정도였다. 광화문이 비교적 온전한 형태로 복원된 것은 최근의 일이다.

그런데 우리의 관심을 끄는 건 광화문이 아니라 광화문 앞의 해태다. 육사가 1936년 발표한 「失題실제」에 광화문 앞 해태가 '거리의 주인공'으로 등장하기 때문이다. 이 작품 말미에 '十二月初夜12월초야'라는 부기가 붙어

● 최근 복원된 광화문 월대와 본래 위치에 자리 잡은 해태의 모습이다.

있으니, 이 시에 묘사된 경성은 1930년대 경성으로 봐도 무리가 없겠다.

하늘이 높기도 하다
고무풍선 같은 첫겨울 달을
누구의 입김으로 불어 올렸는지?
그도 반 넘어 서쪽에 기울어졌다

행랑 뒷골목 휘젓한 상술집엔
팔려온 냉해지冷害地 처녀를 둘러싸고
대학생의 지질숙한 눈초리가
사상선도思想善導의 염탐 밑에 떨고만 있다

라디오의 수양강화修養講話가 끝이 났는지?
마작구락부 문간은 하품을 치고
빌딩 돌담에 꿈을 그리는 거지새끼만
이 도시의 양심을 지키나 보다

바람은 밤을 집어삼키고
아득한 가스 속을 흘러서 가니
거리의 주인공인 해태의 눈깔은
언제나 말갛게 푸르러 오노

육사가 포착한 1930년대 중반 조선의 겨울은 술집에 팔려 온 '냉해지 처녀'와 '사상 선도'를 빙자한 사상 감시, 그리고 식민지 현실과 괴리된 '수양강화'로 요약된다. 거지만이 뜻하지 않게 양심을 지킬 수 있는 시대다. 선악을 구별할 줄 안다던 해태의 눈빛은 그래서 흐리멍덩하다.

그런데 육사는 어디서 해태를 본 것일까? 경복궁 근정전 앞이나 창덕궁 금천교, 덕수궁 중화전의 해태는 궁궐 안에 있으니 육사가 '거리의 주인공'으로 묘사했을 리 없다. 광화문을 배경으로 선 현재의 해태일까? 육사가 이 시를 발표한 1936년 당시 경복궁은 조선총독부 이설移設로 훼철된 상황이었고 광화문도 1927년 경복궁 건춘문 북쪽으로 옮겨졌다고 앞서 이야기했다. 그때 광화문 앞의 해태는 온전했을까?

광화문 해태는 1916년 시작된 조선총독부 건설 과정에서는 자리를 지켰으나 이후 전차선로 확장공사로 철거된다. 이런 정황이 염상섭의 「세 번이나 본 공진회」에 보인다. "공진회는 경성전기회사의 배를 불려 주었다. 그리하여 북촌에도 전차 바퀴 소리가 가까이 들리게 되었다. 그 덕에 해태는 하룻밤 사이에 자취를 감추었다." 염상섭이 관람한 것은 1915년 열린 조선물산공진회가 아니라 1923년 10월 개최된 조선부업품공진회다.

조선부업품공진회가 열리기 직전인 1923년 10월 2일자 『동아일보』에는 대에서 내려져 땅바닥에 쪼그려 앉은 듯한 해태 사진이 보인다. 자세히 보면 해태는 거적을 둘러쓰고 이게 무슨 상황인가, 당황해하는 눈빛이다. 원래 자리에서 철거된 후 경복궁 내에 방치된 것이다.

최근에도 해태는 서울시의 마스코트로 쓰인 적이 있다. 당시라고 다르지 않았다. 그래서 사라진 해태의 소재를 누구라도 궁금해했던 것 같다. 『동아일보』의 한 기자는 어디로 갔나, 어떻게 되었나 하는 것이 광화문 앞을 지나는 사람들의 한숨 겨운 의문이었다고 당시 정황을 전한다. 그리고 경복궁 경내에 방치된 해태를 발견하고 탄식한다.

> 그가 지금 어디에 있는가? 어떻게 되었는가? 하고 침통한 가슴으로 허둥지둥 찾아간 기자는 마침내 새로 지은 총독부 서편 앞 궁장宮墻 밑에서 무슨 하늘도 못 볼 큰 죄나 지은 것처럼 거적자리를 둘러쓰고 고개를 돌이켜 우는 듯 악쓰는 듯 반기는 듯 원망하는 듯한 해태를 발견하고 가슴이 뜨끔하였습니다.

그렇게 방치된 해태가 1929년 다시 나타난다. 그러나 이때 해태는 광화문이 아니라 조선총독부 건물을 뒤로 하고 선다. 그러니까 사악한 기운이나 화기火氣를 막아내 조선의 정궁 경복궁 정문 광화문을 지키는 해태를 육사는 보려야 볼 수 없었다. 조선을 영원히 식민 통치하겠다는 표독한 의지를 보이는 듯, 당대 동양 최대 규모의 석조건물로 준공된 조선총독부 뜰의 장식품으로 전락한 해태를 육사는 본 것이다. 그러니 육사가 "해태의

● 3.1운동, 대한민국임시정부 수립, 의열단 창립 100주년이던 2019년 교보빌딩에 걸린 애국지사의 모습이다.

눈깔은 언제나 말갛게 푸르러 오노!"라고 탄식하지 않을 수 있었겠는가.

광화문 앞으로 뻗은 세종로를 따라 내려오면 육사가 명륜동 시절 알게 된 한 식민지 청년을 만나게 된다. 대산 신용호, 그의 호를 딴 대산문화재단은 '민족문화 창달'을 위해 교보생명보험주식회사가 출자해 만든 재단이다. 그런데 교보생명의 창립 이념인 '민족자본 형성'은 육사와 한 자락 인연이 있다.

젊은 시절 신용호는 친척인 신갑범의 도움으로 일찍 중국 다롄으로 간다. 그곳에서 상당한 성공을 거둔 그는 고생하는 어머니를 모시기 위해 잠깐 귀국한다. 그때 신용호는 신갑범의 소개로 이육사, 이원조 형제를 만난다. 신용호가 독립운동 자금을 지원하겠다고 하니 육사가 이렇게 말하며 격려를 하더란다.

장사치나 사업가나 너나없이 돈을 벌기 위해 친일과 매국을 일삼는 판에 참으로 올곧은 생각을 했군. 그런 생각을 했다는 것만으로도 독립운동에 뛰어든 것이나 진배없네. 모쪼록 대사업가가 되어 헐벗은 동포들을 구제하는 민족자본가가 되길 바라네.

훗날 신용호는 육사 형제 덕분에 먼 앞날을 내다보는 식견을 갖게 되었다며 '잊히지 않는 분들'이라고 회고했다. 교보생명 본사 건물에 독립운동가 플래카드가 유난히 잦은 것과 '사람은 책을 만들고, 책은 사람을 만든다.'는 교보서적의 캐치프레이즈에 어쩌면 육사가 영향을 끼쳤을 수도 있겠다는 기분 좋은 상상을 하며 명동으로 향한다.

육사는 어려서부터 멋내기를 좋아했다고 한다. 안경알 없는 안경도 멋때문에 썼단다. 나는 종종 1941년에 촬영해 가족과 친구에게 선물했던 중년의 육사 사진을 한참 들여다본다. 그러면서 '청년 육사는 영락없는 모던보이였구나.' 하는 생각과 함께 1940년 육사가 발표한 「현주·냉광—나의 대용품」의 한 구절을 떠올린다. "식용품에는 가배에 다분히 딴 놈을 넣는 모양이나 넣을 때 보지 않는 만큼 그냥 마십니다마는, 그도 심하면 아침에 삼월三越에 가서 진짜를 한잔합니다."

『여성』이란 잡지에 기고했기에 일상생활의 단면을 가볍게 쓴 것으로 보이는 이 글에 따르면, 중일전쟁 이후 부족해진 일용품을 대신한 상품이 널리 팔렸던 것 같다. 대용품이니 질이 떨어지는 건 당연하지만 개중에는 가짜도 적지 않았을 것이다. 커피 같은 기호품은 더 구하기가 어려웠을 테니 모던보이 육사로선 여간 곤란한 게 아니었으리라. 그럴 때 육사는 미쓰코시三越에 간다고 했다. 육사와 교우했던 김기림은 조지야丁字屋에서 캘리포니아산 커피를 마셨다는 글을 남겼다.

미쓰코시와 조지아는 지금도 명동의 대표적인 백화점인 신세계백화점과 롯데백화점에 흔적을 남기고 있다. 조지아 자리에는 롯데 영프라자가 신축돼 당시 건물이 사라졌지만, 1930년 준공된 미쓰코시 경성점 건물은 지금도 신세계백화점 본점으로 건재하다. 이곳은 육사의 수필보다는 이상의 소설『날개』로 우리에게 널리 알려졌다.

미쓰코시 경성점 옥상에 오른『날개』의 주인공은 자본주의적 약탈과 식민 통치라는 이중의 고통에 허덕이는 무기력한 조선인을 응시한다. 그러나 그들은 다른 누군가가 아니라 곧 자신이었다. 조선인 그 누구보다 소설가인 자신이 식민지 모순을 절감하고 있기 때문이다. 그래서 그는 이렇게 외친다, 아니 실제로는 소리가 되지 못한 채 마음으로만 절규한다.

> 날개야 다시 돋아
> 날자 날자 날자 한 번만 더 날자꾸나
> 한 번만 더 날아 보자꾸나

육사는 1936년 발표된『날개』를 읽었을까? 당시 이상은 조선 문학의 총아였다. 윤동주도 친척 동생에게 이상 작품 읽기를 권하며 이렇게 말한 적이 있다. "이상의 글은 매운 데가 있다." 육사는 진짜 커피를 마시러 미쓰코시 경성점에 갔을 때 옥상 전망대에 올라『날개』의 마지막을, 도쿄에서의 이상의 최후를 생각했으리라.

나는 육사가 '가배'를 마셨다는 이 글을 읽을 때마다 육사의 아내 안일양 여사가 떠오른다. 안 여사는 딸에게 평소 이런 유언 아닌 유언을 했단다. "내 무덤에 올 때는 커피 한 잔과 안개꽃 한 다발이면 족하다." 옥비 여사에게 이 이야기를 처음 들었을 때는 '육사의 부인답게 참 멋쟁이셨구나.' 이렇게만 생각했다. 그런데 커피 한 잔이면 족한 이유를 듣고는 오래 마음이 먹먹했다.

육사는 독립운동에 전념했으니 살림을 살필 여유가 없었을 것이고 그래서 당시 집안 형편은 매우 어려웠다. 그런 상황에서도 집안 어른을 봉양하자니 안일양 여사는 굶기를 예사로 했다고 한다. 그래서 어머니의 위가 작아진 것 같다고 옥비 여사가 이야기한 적이 있다. 또 가슴을 가리키며 여기에 덩어리가 하나 있다고 자주 이야기했는데, 가족들은 화가 많아 그러시겠지 싶어 대수롭지 않게 여겼단다. 그런데 나중에 위암 판정을 받았고 수술 이후에는 항상 소식할 수밖에 없었단다. 커피 한 잔이면 충분하다는 안일양 여사의 말에는 그런 만만치 않은 사연이 있었다. 아버지, 어머니를 닮아 옥비 여사도 커피를 아주 좋아한다.

미쓰코시 경성점은 식민지 경성의 최대 번화가로 '경성의 긴자'로 불리던 혼마치本町를 마주 보고 있다. 「계절의 표정」에서 육사는 벗들과 바둑을 두고 '빌리어드'를 치고 '좋아하던 맥주'도 마셨다고 했다. 장소가 특정돼 있지 않지만, 육사가 벗들과 어울렸을 그곳이 혼마치일 가능성이 없지 않다. 왜냐하면 당시 육사와 가장 가깝게 지냈던 신석초가 '명동과 충무로(그때는 本町)를 휩쓸고' 다녔다는 글을 남기고 있기 때문이다.

> 해가 지면 카페, 바아, 때로는 요정으로 술타령이다. 당시 충무로에는 명치옥明治屋이라는 과자점에서 좋은 코오피를 마실 수 있었고 환선丸善서점은 안성맞춤의 지식의 공급소였다.

신석초는 1930년대 중반부터 육사가 마지막 베이징을 결행한 1943년 초까지 육사의 '절친'이었다. 주변 사람들이 육사의 소식은 석초에게 묻고, 석초의 근황은 육사에게 물었다고 하니 당시 두 사람의 사귐을 짐작할 수 있겠다. 그런데 석초의 이 글에서 내가 주목한 공간은 두 곳이다. 미쓰코시 외에 육사가 커피를 마셨다던 명치옥과 환선서점이다.

1936년 제작된 「대경성부대관」이라는 지도와 이를 바탕으로 경성의 주요 상점을 정리해 1937년 간행한 『대경성도시대관』을 참고하면 두 곳의 위치를 알 수 있다. 당시 혼마치는 지금의 명동8가길과 명동8나길에 해당한다. 4호선 지하철이 지나는 퇴계로 바로 북쪽의 동서 방향 길이다.

육사와 석초가 '좋은 코오피'를 마셨다던 과자점 명치옥은 요코하마에 본사를 둔 가게였다. 이곳과 대각선으로 마주 보는 위치에 있던 환선서점은 외국 잡지나 전문 서적을 팔던 서점이다. 1940년 한 신문 기사에 따르면 의학 관련 서적을 주문할 수 있는 곳으로 '경성부 본정 이정목 환선서점'을 소개하고 있다.

지금은 육사가 방문했던 당시를 추정할 아무런 흔적이 없지만, 그래도 나는 이곳을 자주 찾는다. 그리고 당시 혼마치의 동쪽 끝까지 걷는다. '시인 육사의 일일' 답사 동선을 고려한 것이기도 하지만 다른 이유도 있다. 1943년 연희전문 학생이던 윤동주와 정병욱이 자주 찾던 서점도 이곳에 있기 때문이다.

정병욱은 하교 후 동주와 함께 혼마치에 자주 왔다고 했다. 음악다방에 들러 클래식을 감상하거나 지금의 명동예술극장인 명치좌明治座에서 연극을 관람하기도 했단다. 가끔은 청요리에 술 한 잔도 했다고 기억을 더듬었다. 그런데 정병욱의 기억에 가장 많이 남은 곳은 서점이다.

혼마치에서만도 '至誠堂지성당, 日韓書房일한서방, 마루젠丸善, 群書堂군서당' 등 네 곳의 신간 서점과 고서점을 들렀노라고 정병욱은 썼다. 나는 이 중에서 일한서방과 지성당 위치를 확인했다. 일한서방은 '한일합방 이전에 창업한 경성의 노포'이고, 1914년 개업한 지성당은 일한서방과 마찬가지로 신간 서적과 잡지를 판매했다.

그럼 육사와 동주는 혼마치에서 마주친 적이 있을까? 그랬더라도 서로를 알아보지는 못했겠다. 동주가 혼마치 서점을 다니던 1943년이면 육사가 시인으로서도 상당한 지명도가 있었으니 동주가 육사를 알아볼 순 있었겠다. 동주가 탐독해 거의 모든 호를 소장하고 있던 『문장』의 필진인 육사와 석초를, 동주가 마주쳤다면 몰라보진 않았으리라.

나는 여기까지 쓰고도 두 사람 모두 방문한 서점이 있다는 사실을 인지하지 못했다. 그러다 코로나 팬데믹 이후 처음으로 교토 동주 답사를 준비하면서 내가 쓴 글에 이미 육사와 동주 두 사람이 방문했던 서점이 있다는 사실을 뒤늦게 깨달았다. 육사와 동행한 석초의 글에는 한자 독음으로, 동주와 함께한 정병욱의 기록에는 일본어 발음으로 쓰여 있어 놓친 것이다. 두 사람의 기록을 다시 대비해 보자.

> 해가 지면 카페, 바아, 때로는 요정으로 술타령이다. 당시 충무로에는 명치옥明治屋이라는 과자점에서 좋은 코오피를 마실 수 있었고 환선丸善서점은 안성맞춤의 지식의 공급소였다.

> 하학 후에는 기차 편을 이용했었고, 한국은행 앞까지 전차로 들어와 충무로 책방들을 순방하였다. 至誠堂, 日韓書房, 마루젠丸善, 群書堂 등 신간서점과 고서점을 돌고 나면(……)

아, 그랬구나. 육사는 석초와 함께, 동주는 병욱을 데리고 환선서점, 즉 마루젠에 왔구나. 여전히 육사와 동주가 만났다고 단정할 순 없지만, 그

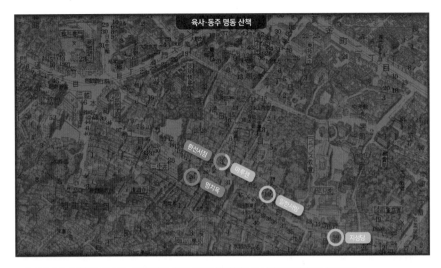

육사·동주 명동 산책

● 육사와 동주의 산책길 인근에는 朝鮮銀行조선은행, 東拓支店동탁지점 등 식민지 통치기관도 확인된다.

래도 혼마치 골목을 환선서점으로 좁혔으니 두 시인이 만났을 가능성을 조금이라도 높인 것만으로 나는 충분히 기쁘다.

그럼 환선서점은 어떤 곳이었을까? 환선서점의 정식 명칭은 '丸善株式會社환선주식회사 京城出張所경성출장소'로 통상 '마루젠' 혹은 '환선서점'으로 불렸다. 1880년 도쿄에서 창업했으며 경성출장소는 1930년 황금정에 처음 세워졌다가 1936년 본정으로 이전했다. 식민지 경성에도 지점이 있었으니 일본 각지에 지점을 둔 건 당연하다.

그럼 교토에도 지점이 있었을까? 당연하다. 여러 복잡한 과정을 거쳐 1907년 교토에 지점이 생겼으며 1940년 가와라마치로 옮겨 2005년까지 영업을 하다가 문을 닫는다. 그러다 2015년 재개장해 지금에 이른다. 내가 왜 이렇게 정교하게 환선서점의 역사와 위치를 고증하는가? 교토 도시샤 대학 재학 시절 동주가 마루젠에 가지 않았을까 짐작하기 때문이다. 이미

● 교토 마루젠 서점

경성에서 마루젠 경성출장소를 자주 들렀던 동주가 교토 지점을 반가운 마음으로 가지 않았을까 생각한 것이다.

교토 마루젠 지점은 당시 교토의 학생이나 학자에게 매우 뜻깊은 공간이었다. 가지이 모토지로의 「레몬檸檬」의 공간적 배경이었기 때문이다. 가지이 모토지로의 소설은 '일본 근대 문학의 고전'으로 평가된다니 동주의 관심을 끌지 않았을까?

교토 중심가인 이곳은 동주가 다녔던 도시샤대학에서도 그리 멀지 않다. 동주는 연희전문 시절처럼 하교 후 마루젠에 들러 책을 구경하고, 정지용의 시 제목인 '압천'을 걸어 하숙집으로 가지 않았을까. 그리고 일본까지 와 대학 노트를 끼고 늙은 교수의 강의를 듣는 자신과 달리, 조국 독립을 위해 홀연히 베이징으로 떠났다던, 경성 혼마치 마루젠에서 먼발치에서 본 한 시인을 떠올리지 않았을까.

문화공간 이육사

혼마치 동쪽 끝에서 북쪽으로 꺾어 내려가면 길 건너편 동편으로 본정경
찰서가 있었다. 지금의 중부경찰서인 이곳에서 육사는 두 차례 신문을 받
고 조서를 작성했다. 난징 조선혁명군사정치간부학교 관련 건이다. 그런
데 우리가 다음으로 답사할 곳에서 더 심각한 위기 상황의 육사를 만나게
된다.

　1941년 9월 육사는 성모병원에 입원한다. 육사는 1930년대 중반 이후 폐
결핵으로 요양을 반복했는데 이때는 상태가 더 심각했던 것 같다. 그런데
명동 어디에 성모병원이 있단 말인가? 여의도와 강남의 현재 성모병원은
1936년 명동성당의 북동쪽 부지, 현재의 가톨릭회관 자리에서 시작되었
다. 서울 대교구가 이곳에 있던 무라카미 병원村上病院을 인수해 '박애 정신
으로 성모병원'을 연 것이다.

　육사의 위기는 자신의 건강 때문만은 아니었다. 입원 두 달 후 같이 병
상에 누웠던 먼 친척이자 문우인 이병각이 사망한 것이다. 이병각의 죽음
은 육사에게 가까운 이들의 죽음을 강력하게 환기했을 것이다. 왜냐하면
성모병원 입원 전후 육사는 짧은 기간 가장 가까운 이들을 떠나보냈기 때
문이다.

　첫째 딸을 잃은 육사가 일 년이 조금 지난 후 둘째 딸 옥비를 얻은 것은
이 시기 가장 기쁜 일이리라. 그러나 옥비가 태어난 지 한 달 후 아버지가
세상을 떠났다. 같은 달에는 육사가 조선 문학의 마지막 거점으로 생각했
을 『문장』이 폐간돼 수명을 다한다.

육사는 성모병원에서 1942년 2월에 퇴원했는데 두 달 후 어머니가 돌아가시고, 같은 해 8월에는 큰형 이원기가 세상을 떠난다. 퇴원 후 아직 몸을 추스르지 못한 육사가 수유리 허규 외삼촌 댁에서 요양하던 때다. 1941년 11월 이병각의 죽음은 앞선 딸과 아버지의 죽음을, 이어진 어머니와 형의 죽음을 계속 떠오르게 했을 것이다.

나는 이때의 육사 마음자리에 다가가고자 오래 고심했다. 그리고 대담한 추론을 시작했다. 그때까지 자신의 삶을 돌이켜볼 때 육사는 병으로 쓰러지는 자신을 용납할 수 없었으리라. 죽게 된다면 오래 마음에 품었던 일을 해야 한다고 육사는 다짐했을 것이다. 그것은 외부에서 주어진 임무일 수도, 자신의 선택일 수도 있었다.

육사가 성모병원에 입원해 있을 때 일제가 진주만을 공습함으로써 태평양전쟁이 발발했다. 이때 해외 독립운동 진영은 연합군의 일원으로서의 참전과 좌우합작을 가장 시급하고 중요한 일로 여겼다. 나는 몇 달 후 육사의 베이징행 결행이 당시 좌우 독립운동 단체의 '미션 임파서블'에 닿아 있다고 생각한다. 자세한 이야기는 다음 장에서 이어가기로 한다.

명동을 출발해 청계천을 따라 동대문으로 이동하면서 나는 종로를 걷던 육사를 기억한다. 이봉구는 「모시옷과 李陸史」라는 수필에서 두 사람이 단성사에서 영화를 보았노라고, 얼근한 술기운으로 관람석에 앉아 영화가 시작되기 전부터 야릇한 낭만과 흥분에 싸여 있었노라고 회상한 적이 있다. 이 글에서 내가 주목한 건 육사의 마지막 베이징행 직전 두 사람의 최후의 만남이다. 이날 육사는 화신백화점에서 딸 옥비에게 줄 옷과 신발을 샀던 것일까.

육사가 서울을 떠나 북경을 가기 얼마 전 그와 마지막 만난 곳은 만추 종로

● 지하철 4호선 동대문역 8번 출구 앞에 '전차 차고 터' 표지석이 있다.

화신 뒷길의 오뎅집이었다. 거리에 낙엽은 지고, 다시가 끓어오르는 오뎅 앞에 따끈한 정종을 마시며 바람에 펄럭이는 문발 포장 사이로 멍하니 바깥을 내어다보고 있던 그날의 육사의 담담한 표정은 영영 잊을 수가 없다.

전차는 당시 경성의 주요한 교통수단이었다. 그래서 육사가 남긴 전차 관련 에피소드도 있다. 하루는 육사가 지금의 을지로인 황금정黃金町에서 전차를 타고 동대문 방향으로 향했다. 그런데 동대문 전차역에서 전차가 급발진하며 커브를 도는 바람에 전차 안 사람들이 넘어진다. 육사는 머리가 유리창에 부딪히기 직전 재빨리 오른팔로 이를 막았으나 유리창이 깨지면서 다치는 '횡액'을 당한다. 이후 육사는 생각지 못한 일을 겪는다.

사십쯤 되어 보이는, 헬멧을 쓴 사람이 나에게 와서 친절정녕히 미안케 되었다는 인사말을 하고, 운전수와 차장의 번호를 적은 뒤에 먼저 사고의 전말을 보고한 다음, 나를 의무실이라는 데로 인도하는 것이었다.

그런데 육사가 치료받았다는 '의무실'이 어떤 시설일까? 병원으로 표현하지 않은 걸 보면 전차회사 직원을 위한 의무실이었을 것으로 추측된다. 동대문 인근에 이런 시설이 있었던 이유는 무엇일까? 이곳에 전차 차고가 있었기 때문이다. 그리고 전차에 전력을 공급하는 발전소도 이곳에 있었다. 현재의 JW메리어트동대문스퀘어와 동대문종합시장이 그곳이다.

이제 우리는 성북구 종암동으로 간다. '문화공간 이육사'가 최종 답사지다. 육사는 안동에서 태어나 전통 교육을 받았다. 청년 시절은 주로 대구를 무대로 활동했다. 국내외에서 근대교육을 받고 기자로서 사회생활을 시작한 곳도 대구다. 우리에게 익숙한 시인으로서의 활동은 경성에서 이루어졌는데, 종암동 거주 시기를 전후로 「청포도」와 「절정」을 발표했다. 성북구청이 2016년부터 '이육사 탄생 기념문화제'를 개최하는 이유다.

여러 자료와 옥비 여사의 증언을 종합하면 육사의 경성살이는 크게 세 가지 형태다. 1934년 경성에서 체포된 육사는 주로 경성에서 혼자 생활하며 대구의 부모님께 가끔 문안 차 방문했던 것 같다. 그러다 1939년 혹은 1940년 부모님과 형님, 형수님이 종암동에 거처를 마련해 상경하고, 함께 올라 온 아내와 몇 년 만에 함께 지낸 것으로 보인다. 그러다 곧 홍제동 문화촌에 집을 얻어 분가하고 다시 옮긴 명륜동에선 딸 옥비를 얻었다.

흔히 종암동 시절 육사가 「청포도」와 「절정」 등을 발표하며 시인으로서 절정의 시기를 보냈다고 추측한다. 육사 대표작의 산실로 종암동과 '문화공간 이육사'를 기억하고 기념하려는 후대 사람들의 소망을 거스를 필요는 없겠다. 나 또한 그리했기를 바란다.

그러나 나는 다른 측면에서 종암동이 육사에게 가장 사무치는 곳이었으리라 생각한다. 아버님, 어머님, 큰형이 종암동에서 돌아가셨기 때문이다. 육사가 득의작得意作을 얻고 기쁨의 웃음을 지었으리라는 추측에 피눈물을 흘리며 부모님과 형을 떠나보냈으리라는 확신이면, 종암동과 '문화공간 이육사'가 육사의 혼이 서린 곳으로 부족하지 않으리라.

'문화공간 이육사'는 2016년부터 성북구가 주도한 이육사 추모사업의 결실이다. 종암동 주민의 열성과 성북구의 관심, 그리고 서울시의 지원으로 1층 '청포도'에서 4층 '절정'에 이르는 기념관이 세워졌다. 그리고 3.1운동 100주년, 대한민국임시정부 수립 100주년, 의열단 창립 100주년이던 2019년, 해방 후 동생 이원조가 육사의 유고 「광야」와 「꽃」을 발표한 12월 17일에 맞춰 개관했다.

이곳의 정식 명칭을 정하기 위한 회의에 참석했을 때다. 구민 공모를 통해 일차적으로 선정된 이름은 '이육사 문화공간'이었다. 이를 다소 밋밋하다고 생각했던 나는 '이육사'와 '문화공간'의 위치를 바꾸어 써보았다. 그리고 여러 번 발음해 보곤 그게 더 나은 선택이라는 확신이 들었다. 옥비 여사도 더 세련된 것 같다며 좋아하셨다. 다른 심사위원의 동의까지 얻어 육사를 기억하는 공간은 '문화공간 이육사'로 최종 결정되었다.

● '문화공간 이육사' 앞에는 「청포도」 시비가 세워졌고, 지역 어린이·주민·대학생이 참여한 '264 예술공원'이 조성돼 있다.

2장

백마 탄 초인, 스러지다

베이징

'264 청포도 와인'과 옥비 여사

나는 육사 순국처를 20번 넘게 찾았다. 국제학교 파견 근무로 베이징에 3년 체류하는 동안에는 학생·교민들과 자주 찾았고, 한국으로 돌아온 후에는 베이징 항일 답사 때마다 방문했다. 그때마다 육사에게 송구했다. 선생이 이곳에서 순국했다는 어떤 표지도 없기 때문이다. 표지석을 세우고자 노력했지만 아직 결실을 맺지 못하고 있다.

　그런데 더 안타까운 일은 따로 있었다. 조선의용대 특집 다큐멘터리 촬영 차 옥비 여사를 모시고 이곳을 찾았을 때 일이다. 이곳에 거주하는 주민들의 반대로 우리는 헌화는커녕 참배도 할 수 없었다. 그리고 육사가 순국한 곳으로 추정되는 건물 일부가 철거되는 장면도 넋 놓고 지켜보아야 했다. 스태프들이 주민과 협상하는 동안 나는 이 기막힌 장면을 보며 인터뷰를 했다.

"더 중요한 외교적 문제가 산적한 줄 안다. 그러나 정부가 우리 독립운동사의 제자리를 찾아주겠다고 약속하지 않았는가. 잊힌 분들은 발굴해 예우하고 훼손된 유적들은 복원한다고 약속하지 않았는가. 항일 투사이자 저항시인인 이육사가 고문으로 순국하고, 조선의용대 이원대 열사가 총살당한 이곳을 베이징의, 더 나아가 중국에서의 항일 독립운동을 기념하는 공간으로 만들어야 하지 않겠는가. 주변 번화가가 확장되면 언제라도 허물어질 이곳을 언제까지 방치할 것인가."

주민들은 끝까지 물러서지 않았다. 한국인들의 무례한 태도를 더 이상 용납할 수 없다는 게 이유였다. 대한민국임시정부 100주년을 기념해 많은 단체와 개인이 이곳을 답사했는데, 이곳이 현지 중국인들의 거주지임을 고려하지 않은 게 원인이었다. 그러니 이곳 주민들을 마냥 원망할 수도 없었다.

우리는 할 수 없이 문밖에서 꽃을 바치고 옥비 여사가 안동에서 가져온 '264 청포도 와인'을 따를 수밖에 없었다. 참배를 마치고 옥비 여사는 오래 눈물을 훔치셨다. 아버지가 극심한 고통 속에서 눈을 감은 이곳이 허물어지는 것도 마음이 무너지는데, 문전박대로 꽃과 술을 올리지 못했으니 그 마음이 어떠했을까.

나는 다큐멘터리 촬영을 마치고 귀국하자마자 청와대 국민청원을 통해 이 사실을 알렸다. 순국처 일부에 대한 공사는 주민들이 불법으로 증축한 부분만을 철거하는 공사로 확인되었지만 놀란 가슴은 쉽게 진정되지 않았다. 이대로 두었다간 다음번엔 이육사 선생과 이원대 열사가 순국한 공간이 없어질 수도 있으니 말이다.

나는 청원 제목을 다소 도발적으로 썼다. "이육사 시인-이원대 열사가

● 옥비 여사 뒤로 육사 순국처 주소인 '东厂胡同동창호동 28'이 확인된다.

스러져 간 순국처가 사라져서야 되겠습니까!" 그리고 내가 감당하기 버거
운 글을 써 내려갔다. 그건 다른 누구를 향한 원망이 아니라 내 자신의 무
심함과 무책임에 대한 자책이었다.

"육사가 없었다면 망국 시기 우리 역사는 얼마나 참담했을 것이며, 우
리 항일 문학은 얼마나 왜소했겠습니까. 이육사 선생과 이원대 열사가 모
든 것을 바쳤던 민족해방과 사회혁명은 이제, 일정 정도 한계는 있으나,
이루어졌습니다. 그런데 우리는 얼마나 이육사와 이원대를 기억하고 있
는지 되묻지 않을 수 없습니다."

그런데 이원대 열사는 누굴까? 앞서 육사가 난징 조선혁명군사정치간
부학교 1기 출신이라는 설명을 했다. 이원대는 이 학교의 2기 출신이다.
같은 영천 출신인 안병철의 권유로 중국으로 망명 후 항일투쟁에 헌신했

다. 안병철은 이육사의 처남, 그러니까 이육사 선생의 부인 안일양 여사의 남동생이다.

이원대는 중일전쟁 발발 후 중국에서 결성된 최초의 조선인 무장 대오인 조선의용대에서 활약했다. 그러다 1943년 조선의용대에 침투한 간첩의 밀고로 일본군에 체포된다. 그는 베이징 이육사 순국처에서 육사 순국 1년 전에 처형되었다. 그는 총살될 때 눈가리개를 거부하고 죽음을 맞았다. 이원대 열사의 최후는 훗날 그의 의연한 죽음을 보고 충격받은 일본 헌병대 소속 조선인 통역에 의해 알려지게 된다.

2019년 제헌절 기념식에서 문재인 대통령은 분명히 언명했다. 한국광복군에 약산 김원봉 장군이 이끌던 조선의용대가 편입돼 민족의 독립운동 역량을 결집했다고. 그 조선의용대는 의열단-조선혁명군사정치간부학교-조선민족혁명당의 흐름에서 탄생했다. 육사는 조선혁명군사정치간부학교 1기 출신으로, 이원대 열사는 조선혁명군사정치간부학교 2기와 조선의용대 대원으로 항일전선의 최전선에서 싸웠으니 두 분은 망국 시기 우리 민족 독립운동 역량의 최전선에 있었다.

육사가 결혼한 직후 학생으로 배우고 교사로 일했던 백학학원을 답사했을 때 일이다. 외진 곳에 위치한 백학학원을 어렵게 촬영하고 대구로 향하는데 문득 영천이 이원대 열사의 고향이라는 사실이 떠올랐다. 검색해 보니 그의 생가가 남아 있었다.

반가운 마음에 급히 주소지로 갔더니 방치된 채 허물어지기 직전의 고택과 그나마 멀쩡한 표지판이 있었다. 쓸쓸한 마음에 발길을 돌려 이원대 열사 모교로 향했다. 그를 기리는 열사비가 교정에 세워져 있었다. 생가에서의 무거운 마음이 조금 가셨다. 하지만 육사와 조선의용대를 공부한다는 내가 이원대 열사에 대해 이렇게 무지하고 무심했다는 사실에 오래

● 이원대 열사 추모비는 영천시 자천초등학교 교정에 세워져 있다.

부끄러웠다.

불행이 겹쳐 오듯 부끄러움도 그러한가. 이원대 열사와 함께 순국한 또한 명의 조선의용대 대원이 있음을 나는 책 출간 직전에야 알았다. 김석계, 본명이 김광구인 열사의 고향은 전라남도 벌교다. 여순의 아리랑 '부용산'의 고향 벌교 출신의 조선의용대 대원이 있었음을 나는 몰랐다. 벌교와 지척인 여수가 내 고향임에도.

코로나 팬데믹 이후 3년 반 만에 찾은 순국처는 굳게 닫혀 있었다. 쉽게 드나들 수 있었던 대문이 최첨단 보완 시스템을 갖춘 문으로 바뀐 것이다. 옥비 여사를 모시고 다큐멘터리 촬영 차 방문했을 때 주민들의 반대로 참배를 못 했던 때보다 더 당황스러웠다.

우리는 순국처를 감싸고 있는 골목으로 들어가 담 너머로 건물의 일부를 볼 수밖에 없었다. 일행들의 낙담과 아쉬움을 읽은 김해양 선생이 이런 요지의 말씀을 하셨다. 김해양 선생은 '조선의용대 마지막 분대장' 김학철 선생의 아드님이다. "이육사 선생과 이원대 열사가 순국한 이곳이

● 2023년 7월, 육사 순국처 모습이다.

말끔하게 단장돼 다행이다. 이곳에 사는 사람들의 삶이 나아지면 두 분의
혼도 더 기뻐하지 않겠는가, 그리 생각하자.”

하지만 나로선 매우 곤란한 상황이었다. 옥비 여사가 순국처가 어떻게
변했는지 사진을 찍어 달라고 부탁했기 때문이다. 그런데 이번에도 행운
이 이어졌다. 인근을 한참 서성이던 우리를 보고 이곳 주민 한 분이 문을
열어 준 것이다. 우리는 최대한 신속하고 조용히 이육사 선생 순국처를
둘러보았다.

마음이 여러 가지로 복잡했다. 우리에게 소중한 곳이라고 해서 여기 사
시는 분들께 불편한 주거 환경을 감수하라고 요구할 수 없음을 잘 안다.
그러기에 정부가 나서 주기를 요청했던 것이다. 주소지로만 남은 항일 유
적지가 이곳만은 아니지만, 장소마다 각각의 의미에 맞는 예우로 작은 표

● 2019년 10월, 불법 증축물 철거 공사 중인 육사 순국처 모습이다.

지석이라도 세워지길 간절히 바란다.

청포도가 익어가는 것처럼 우리 민족이 익어간다

나의 베이징 항일 답사 루트는 언제나 같다. 서울 국립현충원에 해당하는
팔보산 혁명공묘의 정율성 묘소 참배가 첫 번째 순서이고, 베이징의 명동
으로 불리는 왕푸징 인근의 육사 순국처가 마지막 답사지다. 신중국 건설
100대 영웅으로 추앙받아 잘 정비된 정율성 선생 묘소와, 표지석은커녕
안내문조차 없는 육사 순국처를 대비하기 위한 의도적 동선이다.

　이곳에서 내가 경험했던 감동의 순간을 몇 가지 소개한다. 베이징 항일
답사를 시작한 지 얼마 되지 않았던 때로 기억한다. 동행한 교민과 학생

● 2015년 2월, 육사 순국처 모습이다.

들에게 육사의 순국 과정을 설명하고 있는데 한 중국인 할머니가 다가왔다. 이곳에 살고 있다는 할머니는 우리에게 귀한 증언을 해주었다.

당신이 1966년부터 이곳에 살았는데, 이전에 살던 사람으로부터 이곳 지하 감옥에서 한국 사람들이 고초를 겪고 죽기까지 했다는 이야기를 들었다는 것이다. 그리고 지금은 닫혀 있는, 지하로 가는 계단 입구로 우리 일행을 데리고 갔다. 우리가 미처 발견하지 못했던, 반지하의 창문처럼 지면 높이에 난 지하실 창문도 보여 주었다.

그러면서 할머니는 한 가지 소망을 이야기했다. 이곳이 빨리 기념관으로 조성되면 좋겠다는 것이다. 한국 사람들이 종종 찾아오는데, 건물이 허물어진 채 방치돼 있어 보기 좋지 않고, 또 자신과 같은 현지 사람들이 살고 있어 둘러보기도 불편하기 때문이란다. 증언의 신빙성과 진정성을

● 2014년 7월, 육사 순국처 모습이다.

맹신한 건 아니지만 우리는 적잖게 감격했다.

나는 2014년 이곳을 처음 답사했을 때의 장면이 떠올라 눈시울이 뜨거워졌다. 그때는 여름이었는데, 육사가 고문으로 마지막 숨을 거둔 건물과 건너편 건물 사이에 푸른 덩굴이 드리워져 있었다. 포도나무 덩굴이었다. 일행들은 한동안 말을 잇지 못했다. 육사의 「청포도」가 떠올랐기 때문이리라.

학창 시절에 누구나 배웠고 즐겨 암송하는 이 작품을 육사 또한 특별히 아꼈던 것 같다. 「청포도」에 대해 육사는 이렇게 말한 적이 있다고 전한다. "어떻게 내가 이런 시를 쓸 수 있었을까? '내 고장'은 '조선'이고, '청포도'는 우리 민족인데, 청포도가 익어가는 것처럼 우리 민족이 익어간다. 그리고 곧 일본도 끝장난다."

광복 70주년을 맞아 '북경의 기억, 교민의 노래'를 기획했을 때의 일이다. 베이징 항일유적 답사를 주요 행사로 잡았고, 마지막 일정으로 육사 순국처를 찾았다. 이곳이 한국의 시인이자 항일 투사의 순국처임을 한글, 중국어, 영어로 설명한 안내문을 붙이고 있는데 중국인 청소부가 손짓을 했다. 무슨 일인가 싶어 가보았더니 이전에 붙여 두었던 안내문을 내게 전해 주는 게 아닌가.

가장 강력한 양면테이프를 써도 하루 정도 붙어 있으면 다행이라 생각했던 그 안내문이, 육사의 이름을 생전 처음 보았을 중국인을 통해 건네받으니 왈칵 눈물이 솟았다. 이 골목을 오래 청소했을 그이가 육사를 통해 이곳을 항일투쟁의 잊을 수 없는 공간으로 기억하리라고, 그 마음의 안내문은 결코 떨어지지 않을 거라고 생각했다.

가족과 함께 이곳을 찾았을 때도 생각난다. 역사 교사인 외삼촌이 "담배를 태우셨는지 모르겠네."라고 혼잣말을 하며 건물 입구 계단에 담배 한 대를 올렸다. 그 일이 생각나 옥비 여사를 모시고 갔을 때 육사 선생이 담배를 피우셨냐고 여쭈어 보았다. 그랬다고, 그래서 당신이 이곳 순국처에 처음 왔을 때 지하실 내려가는 곳에 건어물과 과일을 놓고 담배도 한 대 올렸다고 말씀해 주셨다.

새 조선, 피로 다진 터전 위에 일어서다

육사는 1944년 1월 16일 베이징 일본총영사관 헌병대 지하 감옥에서 순국했다. 그래서였을까. 해방 직후 육사의 동생들이 대구에 올 때마다 어린 옥비를 안고 "우리 형님이 1년만 더 사셨으면……" 하고 통곡했단다. 동주가 일본 후쿠오카 감옥에서 숨을 거두기 1년 전, 육사는 해방 1년 반을 앞

두고 중국 베이징 지하 감옥에서 눈을 감았다.

그럼 누가 육사의 시신을 수습했을까? 이병희 여사다. 그녀는 노동운동으로 서대문형무소에서 2년 넘게 투옥되기도 한 투사이자 육사의 먼 친척이다. 그녀의 증언에 따르면 자신이 갇혀 있던 지하 감옥에 육사도 끌려왔고, 자신이 출감한 지 며칠 지나지 않아 육사의 시신을 인수해 가라는 전갈을 받았단다.

육사는 눈을 부릅뜬 채 숨이 끊어졌더란다. 세 번을 쓸어내리자 그제야 눈이 감겼다고 이병희 여사는 증언했다. 시신을 수습한 이 여사는 급히 돈을 빌려 화장을 한다. 하지만 유골을 고국으로 보낼 방법이 없어 어쩔 수 없이 베이징 주재 일본총영사관에 통사정을 한다. 우여곡절 끝에 육사의 동생 이원창이 베이징으로 왔고 1944년 1월 25일, 순국 10일이 지나서야 육사의 유골이 유족에게 전해진다.

이때 이병희 여사는 마분지에 쓰인 '시집'도 함께 수습했다고 증언했다. 유고로 알려진 「광야」와 「꽃」도 이 자필 시집에 포함됐을 가능성이 있다. 그런 곡진한 사연이 있었기 때문이리라. 훗날 한국전쟁 당시 이병희 여사가 대구로 피란을 왔을 때, 전쟁 통의 그 어려운 시절에도 안일양 여사는 은인이 오셨다며 가장 크고 좋은 방을 이병희 여사에게 내주었단다.

육사의 유고시인 「광야」는 해방 직후인 1945년 12월 17일 동생 이원조에 의해 『자유신문』에 발표된다. 이원조 선생은 '源朝放哭원조방곡'이라고 자신의 감정을 숨기지 않으며 이 두 작품을 소개하는 짧은 글을 덧붙인다. "이 시의 공졸工拙은 내가 말할 바가 아니고 내 혼자 남모르는 지원극통至冤極痛을 품을 따름이다."

당시 이원조의 통곡은 해방을 맞지 못하고 타국땅, 그 차가운 감옥에서 비참하게 돌아가신 형님에 대한 애통함이 먼저이었겠으나, 형님을 비롯한 숱한 애국지사의 희생으로 해방이 되었음에도 오히려 친일파가 득세하고, 또 다른 외세인 미국과 소련에 의해 조국이 분단되었으며, 자격 없는 자들이 권력을 잡기 위해 몰염치의 극치를 보였던 당시 세태에 대한 분노이기도 했을 것이다. 그는 「팔월 십오일」에서 형님이 그토록 원했던 해방된 조국의 모습, 광복까지의 처절함을 이렇게 썼다. 나는 살아서 해방을 맞은 동생이, 해방을 보지 못한 형님 무덤 앞에 올린 헌사로 이 글을 읽는다.

> 비단같이 고운 우리 산천! 무지개처럼 빛나는 우리 역사! 이 속에 자라난 우리 민족이 어찌 하루인들 자유와 독립을 잊어 본 적이 있었으랴! 그러나 포학한 적은 우리 국토를 빼앗아 갔을 뿐 아니라, 나중엔 우리의 착한 풍속과 아름다운 언어까지 빼앗아 갔다. 그러나 용감한 우리 선열들은 주검으로 자취를 이어, 마침내 위대한 이 날을 창조하였으니, 새 조선은 실로 피로 다진 터전 위에 일어서는 것이다.

「광야」는 한자로 '廣野'가 아니라 '曠野'다. 넓은 들판이 아니라 거친 들판이다. 육사의 벗 석초는 육사가 늘 '폭풍우 앞의 정적과 같은 고요'를 지녔다고 했다. 그러면서도 그 혼의 불꽃을 시로 불태웠다고 회고했다. 「광야」는 '그냥 신어神語'이고 '그 혼의 불꽃의 결정'이라고 평가했다. 그리고 천재적인 시인이 죽기 전 절명사絶命詞를 남기는 것처럼 「광야」는 육사에게 절명사와 같노라 했다.

육사가 직접 「광야」를 낭송했다고 증언한 이는 김광균이다. 그가 기억하는 육사는 평소 과묵했다. 그러나 술을 마시면 말이 많아지고 자기 시를 낭송하기도 했단다. 대표적인 것이 「청포도」와 「광야에서」라고 했는데, 「광야에서」란 제목의 육사 작품은 없으니 「광야」를 착각한 것으로 보인다.

까마득한 날에
하늘이 처음 열리고
어데 닭 우는 소리 들렸으랴

모든 산맥들이
바다를 연모해 휘달릴 때도
차마 이곳을 범하든 못 하였으리라

끊임없는 광음을
부지런한 계절이 피어선 지고
큰 강물이 비로소 길을 열었다

지금 눈 나리고
매화향기 홀로 아득하니
내 여기 가난한 노래의 씨를 뿌려라

다시 천고의 뒤에
백마 타고 오는 초인이 있어
이 광야에서 목 놓아 부르게 하리라

충	칭	으	로		가		
	요	인	을		모	시	고
옌	안	으	로		간	다	

표연히 베이징을 향하여

분류 기준에 따라 차이는 있지만 육사의 시는 40편을 넘지 않는다. 여기에는 한시漢詩 세 편이 포함돼 있다. 「근하 석정선생 육순」은 제목대로 육사의 후배인 이민수의 아버지 '석정 선생'의 육순을 축하하는 시다. 나머지 두 작품은 오언율시 「晚登東山만등동산」과 칠언절구 「酒暖興餘주난흥여」로 같은 날 지어졌다.

이민수는 해방 후 한학자로 활동하는데 그 계기가 조풍연의 조언 때문이었다고 한다. 조풍연은 육사가 시를 발표했던 『문장』을 주도했던 인물이다. 이민수가 번역한 작품은 연암 박지원의 한문소설 「양반전」, 「허생전」, 「호질」 등으로 양반의 허위와 부패를 파헤친 것이 가슴에 무척 와닿았기 때문이란다.

그 양반의 허위와 부패 때문에 나라를 잃었을 때, 조선 양반의 대표 격이라 할 퇴계의 후손 육사가 조국 독립을 위해 헌신했던 것을 이민수는 알고 있었으리라. 그가 연암의 풍자소설을 가장 먼저 번역한 데에 육사가 영향을 미쳤을까? 나는 그렇게 믿고 싶다.

「만등동산」과 「주난흥여」는 1942년 여름 무렵에 쓰인 것으로 추정된다. 그런데 왜 육사는 갑자기 한시를 썼을까? 한학에 남다른 소양이 있었고 한시를 어렸을 때부터 써왔기에 이상할 게 없긴 하다. 하지만 본격적으로 시를 창작한 1935년부터 육사가 쓴 시는 시조 형식의 두 편을 빼고는 모두 자유시였다. 무슨 일이 있었을까?

먼저 고려할 점은 두 작품이 시회詩會에서 쓰였다는 사실이다. 육사가 모임의 성격에 맞게 장르를 선택했다고 짐작할 수 있다. 또한 당시 시대상도 육사가 한시를 선택한 중요한 원인이었을 것으로 추측된다. 1941년 12월 태평양전쟁 발발로 전 세계를 대상으로 전쟁을 벌이던 일제는 1942년에 들어서면서 한글로 된 작품 발표를 금지했기 때문이다.

「만등동산」은 '늦게 동산에 올라' 정도로 풀이되는데 이때 '東山동산'은 시회를 열었던 이민수의 자택 뒷산으로 경성의 삼선교에 있었다고 한다. 삼선교라는 지명은 현재 지하철 4호선 한성대입구역 사거리에 있었던 '삼선교'라는 다리에서 유래한다. 그리고 이곳을 중심으로 세 곳에 야트막한 산이 있다. 사거리 북쪽 성북동 초입의 동서쪽 산자락과 사거리 남쪽의 낙산 자락이다. 이중 어디가 '동산'일까?

내 추측으로는 낙산 자락, 그러니까 혜화문에서 동대문으로 이어지는 한양도성 낙산 구간의 북쪽 초입일 것 같다. 그렇게 판단하는 데는 몇 가지 이유가 있다. 일단 신석초가 이곳을 '삼선교'로 기록했다는 점이다. 시회 장소가 삼선교의 북쪽 성북동이었다면 '성북정'으로 기록했을 가능성

● 낙산 정상에서 혜화문 사이 장수마을 전경으로, 이곳 어디에 이민수의 집이 있었으리라.

이 높다. 당시 이곳에는 『문장』의 편집주간 이태준을 비롯해 적잖은 문인이 기거했기에 '성북정'은 고유명사이면서 동시에 문화예술인의 집단 거주지 정도의 일반명사로도 통용되었기 때문이다.

그리고 '동산'이라는 시 제목도 주목할 만하다. 경성을 둘러싸고 있는 네 개의 산, 곧 내사산의 동쪽 산은 낙산이다. 그리고 앞서 언급한 '삼선교'를 고려하면 낙산의 서쪽 사면, 그러니까 지금의 대학로 뒷산 쪽이 아니라, 북동쪽 사면, 현재의 삼선교 장수마을이 자리잡은 산자락을 시회 장소로 추정하는 것이 가장 타당하다.

신석초는 한 수필에서 자신이 고향으로 내려가기 전날 열린 시회에서 육사가 「만등동산」을 읊었다고 회고했다. 육사가 친한 벗과의 이별을 아쉬워하며 지은 것이라는 설명이다. 이민수의 집으로 돌아와 한 번 더 시회가 열렸고 이때 육사는 「주난흥여」 한 편을 더 짓는다.

● 태항산 윤세주 초장지로, 비석 아래에 한글 자모음을 나열해 '조선민족영령'이라고 새겼다.

이 시는 함께했던 벗 석초를 떠나보내는 아쉬움에 쓴 「만등동산」과 마찬가지로 육사가 마음에 품고 있던 또 한 명의 벗을 생각하며 쓴 시라고 도진순 교수는 주장한다. 전구인 '天涯萬里知音在^{천애만리지음재}'를 주목해야 한다는 것이다. '하늘 끝 만리에 뜻을 아는 벗 있으니' 정도로 해석되는 이 시구는 당시 시회에 신석초가 참석했다는 사실을 생각하면 '知音^{지음}'이 누구냐는 의문으로 이어진다.

답은 결구에 있다. '老石晴霞使我寒^{노석청하사아한}'은 '맑고 빛나는 노석이 나를 시리게 하네' 정도로 해석되는 이 시구에서 도진순 교수는 노석이 석정 윤세주라는 과감한 해석을 내놓는다. '老'를 '공경 혹은 늙은'의 뜻과 함께 성씨 앞에 붙는 접두사로 해석하고, '石'은 윤세주의 호 '石鼎^{석정}'으로 본 것이다. 그래야 전구의 '知音^{지음}'과 호응을 이루게 된다는 것이다. 그리고 이렇게 결론짓는다.

"육사가 비밀스럽게 넘나들던 두 세계를 각각 버티어 주는 지기知己의 두 기둥이 있었으니, 바로 석정石鼎 윤세주와 석초石艸 신응식이었다. 묘하게도 두 사람의 아호와 가명은 모두 돌 석石 자로 시작된다. 1942년 여름의 어느 날, 이육사는 「만등동산」을 석초에게, 「주난흥여」를 석정에게 헌정했다."

육사가 술을 마시고 시를 읊다가 문득 중국 태항산에서 항일투쟁에 헌신하던 석정을 떠올리며 이 시를 지었다는 결론이다. 이상의 해석을 수용하면 이 시는 새로운 빛을 띤다. '지음'이란 잘 알려진 것처럼 마음이 통하는 친한 벗을 의미한다. 그렇게 마음을 나누는 사이라면 텔레파시가 통하는 것일까? 육사가 이 시를 쓴 1942년 6월, 딱 한 달 전 윤세주는 중국 태항산에서 장렬히 산화했다. 육사는 당시에 석정의 죽음을 알았을까? 가능성이 매우 낮다. 태항산으로 북상한 조선의용대는 충칭의 본부와도 연락이 닿지 않았다.

시회가 열린 지 반년 후 육사는 살아 있는 '지음' 석초에게 베이징행을 밝히고 곧 떠난다. 중국에서 산화한 또 한 명의 지음, 석정 윤세주의 길을 육사는 운명과도 같이 따른 것이다. 1943년 1월 1일 육사가 석초를 찾아와 '답설踏雪'을 가자고 했단다. 중국에 그런 풍속이 있다면서. 두 사람은 지금의 청량리역에서 홍릉수목원 방향으로 눈길을 걸었다.

"가까운 날에 난 북경엘 가려네." 하고 육사는 문득 말하였다. (……) 그때 북경 길은 촉도蜀道만큼이나 어려운 길이었다. 나는 가만히 눈을 들여다보았다. 언제나 다름없이 상냥하고 사무사한 표정이었다. 그 봄에 그는 표연히 북경을 향하여 떠나간 것이다.

나는 육사가 낙산에서 석정을 그리워했던 마음으로 홍릉 길에서 눈을 기다렸다. 두 분의 시간에 동참할 순 없어도 눈 내리는 때 같은 공간을 걸으면 당시 육사의 마음자리를 폭설 중의 눈 한 송이만큼이라도 이해할 수 있을까 해서다. 그 길을 걸으며 나는 석초가 육사를 그리며 쓴 「陸史를 생각한다」를 몇 번이고 읊조렸다.

우리는 서울 장안에서 만나
꽃 사이에 술 마시며 놀았니라
지금 너만 어디메에가
광야의 시를 읊느뇨
내려다보는 동해바다는
한잔 물이어라

달 아래 피리 불어 여는 너
나라 위해 격한 말씀이 없네.

나는 겨울방학 때 달리 일이 없으면 늘 일기예보를 확인했다. 눈 예보가 있어도 기대만큼 눈이 오지 않아 바로 녹아 버리기 일쑤였다. '온통 서울이 새하얀 눈 속에 파묻'힐 정도의 큰눈은 좀처럼 오지 않았다. 그렇게 방학이 끝나가던 어느 날 저녁 한밤중까지 폭설이 내린다는 예보가 떴다.

카메라와 삼각대를 챙겨 청량리역으로 갔다. 육사에게 청량리역은 벗 석초에게 베이징행을 밝힌 산책의 출발점이자, 그 일의 결과로 체포돼 베이징으로 끌려간 곳이기도 하다. 그리고 나는 청량리역이 등장하는 육사의 다른 흥미로운 증언을 하나 더 알고 있다.

　하루는 육사와 석초 두 사람이 청량리에서 만난 후 오후에 종로에서 다시 만나기로 했단다. 그런데 육사가 다른 약속이 있으니 먼저 가라고 해 석초는 혼자 전차를 탔다. 그런데 전차 안에서 석초는 종로 쪽으로 걷고 있는 육사를 발견한다. 전차표를 살 돈이 없었던 육사는 구차함이 싫어 그 먼 길을 걸어갔던 것이다. 훗날 석초가 옥비 여사에게 "너의 아버지는 참으로 곧은 분이셨다."라며 전해 준 이야기다.

　아버지 육사와 딸 옥비의 마지막 만남, 육사와 벗 석초와의 마지막 산책 등을 생각하며 홍릉수목원 쪽으로 걷다가 나는 적당한 곳에 자리를 잡았다. 최근에 단장한 영휘원 돌담길이 80여 년의 간극을 메워 주었다. 푸짐하게 내리는 눈을 보며 나는 문득 궁금했다. 왜 육사는 '홍릉'으로 길을 잡았을까? 일본 낭인에게 시해된 명성황후를 떠올렸을까? 명성황후의 홍릉은 1919년 이미 고종과의 합장을 위해 경기도 구리로 이장되었지만, 이름만 남은 이곳에서라도 흔들리는 마음을 다잡고 싶어서였을까.

육사와 허규, 그리고 몽양

베이징으로 떠나기 직전인 1942년 가을, 육사는 수유리에 있었다. 폐결핵으로 성모병원에 입원했다가 요양처를 외삼촌 허규의 집으로 옮긴 것이다. 옥비 여사는 아버지 육사가 셋째 외삼촌 허규를 가장 따랐고, 허규 또한 조카 중에서 육사를 가장 아꼈다고 이야기해 주었다.

일헌 허규는 젊은 시절 아버지를 모시고 서간도에서 독립운동을 했다. 그리고 1940년대 초반에는 몽양 여운형과 교류하며 조국의 독립을 위해 헌신했다. 그리고 해방 후에는 건국준비위원회 중앙위원, 남조선과도입법의원 의원으로 활동하며 새로운 나라 건설에 힘을 보탰다.

허규는 해방 직전 몽양 여운형이 조직한 조선건국동맹에 몽양의 추천으로 참여한다. 1944년 8월에 조직된 비밀결사인 조선건국동맹은 일제 치하 36년간 명멸한 숱한 항일투쟁 단체 중 '건국'이란 명칭을 쓴 유일한 단체다. 건국은 해방을 전제로 한 것이므로 조선건국동맹이라는 이름은 강력한 항일 의지와 해방의 확신을 보여 준다.

몽양은 왜 조선건국동맹을 결성했을까? 일제의 패망을 예견했기 때문이다. 몽양은 1941년 12월 태평양전쟁이 발발한 다음 해에 두 차례 일본을 방문하는데 그때 일제의 패망을 확신했다고 전한다. 미군 폭격기의 도쿄 공습을 직접 보았고, 미국의 단파방송을 통해 정확한 태평양전쟁 전황을 알 수 있었기 때문이다.

하지만 비밀결사인 조선건국동맹이 1944년 8월에 갑자기 결성되었을

리는 없다. 사전 준비가 필요했으리라. 몽양은 1942년 12월부터 6개월간 수감생활을 했는데 이때 비밀조직을 구상했다고 전해진다. 그리고 출옥 직후인 1943년 8월에 조선민족해방연맹을 조직한다. 조선건국동맹의 예비체다.

조선건국동맹은 1942년 중국 옌안에서 결성된 조선독립동맹과 초기부터 연결돼 있었다. 조선독립동맹의 주석 무정은 공작원을 두 차례 파견해 여운형과 연락했고, 1944년 12월부터는 두 단체 간의 연락 및 연대가 활발해진다. 그 결과 두 단체는 1945년 8월 29일에 '국치기념대회'를 옌안에서 공동으로 개최하기로 계획하기도 했다.

태평양전쟁 발발 직후 국외 좌우 독립운동단체는 좌우합작에 나선다. 우파를 대표하는 충칭 대한민국임시정부와 좌파를 대표하는 옌안 조선독립동맹이 합작을 위해 실질적인 협상을 하고 있었다. 몽양은 이러한 국외 독립운동단체의 실정을 잘 알고 있었다. 몽양은 국외 독립운동단체의 좌우합작이 성공했을 때 이와 협력할 수 있는 국내 독립운동단체의 필요성을 절감했을 것이고, 이는 곧 조선건국동맹 결성으로 이어졌다.

나는 여기서 육사가 베이징으로 떠나며 남긴 말, "중경으로 가 요인을 모시고 연안으로 간다."를 주목한다. 이 문장이 당시 해외 조선 독립운동단체의 최우선 과제인 좌우합작을 요약하고 있기 때문이다. 잠시 후에 살피겠지만 내 판단으론 당시 육사는 충칭의 우파 독립운동 진영과 옌안의 좌파 독립운동 진영을 연계할 적임자였던 것이다.

육사에게 이 말을 전해 들은 이선장은 1931년 대구격문사건 때 육사와 함께 체포된 대구 출신 기자다. 동주가 다녔던 도시샤대학 출신인 그는 육사와 함께 대구청년동맹, 신간회 활동을 했다. 조선건국동맹이 결성된 후에는 육사의 외삼촌 허규를 통해 경북지역에 조선건국동맹 지부를 조

● 왼쪽은 충칭 연화지 대한민국임시정부 청사, 오른쪽은 옌안의 상징 보탑이다.

직하기도 했다.

1941년 12월 일제가 진주만을 기습해 태평양전쟁을 도발하자 충칭 대한 민국임시정부는 연합군 자격으로의 참전을 타진함과 동시에 일제 멸망에 이은 조선 독립을 준비한다. 이를 위해 무엇보다 우선되는 과제는 앞서 설명한 대로 좌우로 나뉜 독립운동 진영의 통합이었다.

좌우 진영 모두로부터 신뢰를 받는 우사 김규식과 소해 장건상이 충칭으로 오면서 본격적인 좌우합작 논의가 시작된다. 충칭에 있던 두 세력, 즉 백범 김구와 임정 중심의 한국광복진선, 약산 김원봉과 민족혁명당이 주도하는 조선민족해방전선은 단계적 합작을 추진한다. 그 결과 1942년 제34차 임시정부 의정원 회의에서 군사 통일에 이은 의회 통일, 정치 통일을 실현한다. 약산 김원봉은 임시정부 국무위원이 되고 2년 후에는 군무부장에 취임한다. 충칭에서의 좌우합작이 이루어진 것이다.

충칭에서의 좌우합작은 곧 충칭과 옌안의 좌우합작 시도로 이어진다. 임시정부 기관지 『독립신문』에 조선독립동맹 산하 조선의용군이 소개되

대韓民國第三十四屆議政院議員一同紀念撮影

1939.5	백범과 公啓信 발표
1940.3	3.1 기념대회 참여
1942.5	한국광복군 부총사령
1942.10	임시의정원 의원
1944.4	임정 군무부장 취임

● 1942년 10월 25일 대한민국 의정원 의원 사진으로 백범과 약산을 확인할 수 있다.

면서 분위기가 무르익는다. 그러자 임정 국무위원 장건상이 옌안으로 파견돼 조선독립동맹 주석 백연 김두봉을 만난다. 김두봉 또한 충칭으로 가 통일전선을 결성하자고 제안한다.

이런 상황에서 육사가 자신의 베이징행 목적을 충칭 대한민국임시정부 요인을 모시고 옌안 조선독립동맹을 방문하는 것으로 밝힌 것이다. 육사는 어떻게 두 독립운동 진영을 연계할 수 있었을까? 두 진영 모두에 육사의 항일투쟁 동지가 있었기 때문이다.

당시 충칭 임정에는 육사가 1932년 입교했던 조선혁명군사정치간부학교 교장 약산 김원봉이 임시의정원 의원으로 활동하고 있었다. 옌안의 조선독립동맹 산하 조선의용군에는 조선혁명군사정치간부학교 출신들이 주요 직책을 맡고 있었다.

이 지점에서 나는 베이징으로 떠나기 직전 육사의 내면이 무척 궁금해진다. 다행히 육사가 베이징행을 결심했을 당시 마음을 짐작할 수 있는 글이 있다. 육사가 직접 기고한 것으론 마지막 작품인 수필 「고란」이다. 이 글에서 육사는 몇 년 전의 부여 여행과 현재의 수유리 요양을 연결해 자신의 심정을 토로한다.

육사는 벗과 여행을 하고 글을 쓰던 '전날의 생활'을 '극채화極彩畫', 즉 채색화에 빗대고 폐결핵으로 요양하고 있는 '오늘의 생활'을 수묵화水墨畵로 비유한다. 그러면서 자신이 헨리 데이비드 소로처럼 '삼림의 철학을 설파하지도 못함'을 자책하며 그 이유를 이렇게 분석한다.

> 아직도 자연에 뺨을 비빌 정도로 친하여지지 못함은 역사의 관계가 더 큰 것도 같다. 다시 말하면 공간적인 것보다는 시간적인 것이 보다 더 나에게 중요한 것만 같다.

육사가 이 글에서 뭉뚱그리고 있는 '역사의 관계'와 '시간적인 것'의 구체적 내용은 무엇일까? 아마도 1937년 중일전쟁, 1939년 제2차 세계대전, 1941년 태평양전쟁의 연속적 발발과 그로 인한 식민지 조선의 생존 위기와 피폐함일 것이다. 공기 맑고 정양하기 좋은 외삼촌 집이라는 공간보다 생존의 벼랑으로 몰리던 당시 조선의 세태가 더 중요하다고 육사는 말하고 싶었으리라.

내 추론의 마지막 퍼즐은 육사의 건강이다. 이때 육사는 병으로 육신이 무너지고 있었다. 그때까지의 자신의 삶을 돌이켜 볼 때 폐결핵으로 쓰러지는 자신을 용납할 수 없었으리라. 병으로 쓰러지기 전 스스로 죽음의 자리를 찾는 게 육사에게 어울린다. 이런 여러 정황은 육사에게 어떤 결단을 강하게 요구했으리라.

"그러나 헛된 죽음이면 안 된다. 반드시 조국 해방에 기여해야 한다. 그렇다면 지금 어떤 일이 가장 긴급하고 중요한가?" 이렇게 자문한 육사에게 답은 명료했으리라. 국외 독립운동 진영 최대 관심사인 좌우합작이다. 충칭에서의 좌우합작은 이미 이루어졌고, 우파를 대표하는 충칭 대한민국임시정부와 좌파를 대표하는 옌안 조선독립동맹의 합작만이 남은 상황이었다.

육사가 베이징을 거쳐 갈 곳은 충칭과 옌안일 수밖에 없었다. 나는 마음속에 굳게 담았으되 결코 발설할 수 없었을 육사의 당시 마음을 동생 이원조의 기록에서 짐작해 본다. 당시 육사의 '파탄된 생활'과 '불울한 심정'의 구체적 내용이 무엇인지 알 것도 같다.

> 불치의 병이 거의 치경治境에 이르렀을 때 끝끝내 정양하지 않고 해외로 나간 것은 파탄된 생활과 불울佛鬱한 심정을 붙일 곳이 없어 내가 그처럼 만류했음에도 나중에는 성을 내다 싶이 하고 표연히 떠난 것이었다. 그리고 이 걸음은 마침내 사인死因이 되고 만 것이다.

극도의 건강 악화와 그만큼이나 나빠진 정세에도 육사가 베이징으로 간 이유는 자명하다. 1927년 최초의 피체被逮, 1932년 조선혁명군사정치간부학교 입교, 1935년부터 이어진 문화연구 및 문예활동 등을 고려할 때 육사의 베이징행에는 분명한 목적이 있었을 것이다.

이는 외삼촌 허규를 매개로 몽양 여운형이 지도하는 조직의 명령일 수도, 육사의 자발적인 선택일 수도 있다. 하지만 조선건국동맹 건립 시기를 고려하면 조직의 명령에 따른 베이징행은 아니었을 것이다. 주변의 권유가 있었을 순 있지만 어떤 경우든 최종적 판단과 선택은 육사가 했으리라.

확인할 길 없는 전언을 하나 더 소개한다. 몽양이 육사의 어머니 허길 여사 장례식에 왔을 때 제문을 써 왔단다. 그런데 제문에는 다른 글도 쓰여 있었다. 안일양 여사는 이를 중요한 내용이라 여겨 아궁이 안쪽에 숨겼다. 그런데 실수로 이것이 불타 버렸다. 이 일을 육사가 듣고 화를 내지 않고 다행이라고 혼잣말하듯이 했다는 것이다. 몽양이 제문을 통해 육사에게 전하려던 건 무엇이었을까?

김태준과 김사량, 육사의 미래(?)

국외 독립운동 진영을 찾겠다는 뜻을 이루지 못한 육사와 달리 뜻한 바를 이룬 이들이 있을까? 육사와는 목적이 달랐지만 식민지 조선을 탈출하겠다는 목적을 이룬 두 사람이 있다. 김태준과 김사량이다. 두 사람은 학자와 작가로 명망을 얻고 있었기에 일제에 협력하지 않은 채 식민 치하 말기를 견디기 쉽지 않았다. 김태준은 당시를 해방 후 이렇게 요약했다.

> 조선의 조선사, 조선성명, 조선 익식儀式 습속의 사용까지 금지하고 조선 '신神'의 신앙까지 금지하고 모든 것을 순전히 일본색으로 강요하였다. (……) 언어는 왜어 소위 국어보급운동이요, 역사는 일선동조론日鮮同祖論이요, 정치는 징용징병이요, 경제는 공출과 배급이요, 왜노倭奴의 태평양전쟁에 박차를 치며 날뛰며 성원聲援하는 주출백귀晝出百鬼의 창피스럽고 괴로운 시간이었다.

김태준과 김사량의 탈출에는 공통점이 있다. 두 사람 모두 베이징을 중요한 지점으로 삼고, 옌안 조선독립동맹과 연결돼 있던 여운형계의 이영선을 통해 '공작원'을 접촉했다. 이영선은 몽양이 『조선중앙일보』 사장이던 시절 기자로 활약하다가 신문사 폐간 후 베이징에서 조선건국동맹 중국 주재 대표 역할을 하면서 옌안의 조선독립동맹과의 연결고리 역할을 한 인물이다. 또한 김태준과 김사량 둘 다 평한선平漢線 철로를 이용해 태항산 인근으로 이동하고, 애초 계획과 달리 낮에 일본군 봉쇄선을 넘는 모험을 감행했다는 점도 공통적이다.

두 사람의 탈출에는 여러 차이도 있다. 김태준은 경성콤그룹이라는 조직의 명령에 따라 옌안으로의 탈출을 감행했지만, 김사량은 일제에 부역하라는 강요를 벗어나 뒤늦게라도 항일투쟁에 헌신하겠다는 개인적 목적에서 탈출을 시도했다. 김태준이 의사로 변장해 '불법적' 신분으로 경성에서 출발한 데 비해, 김사량은 표면적으로는 국민총력조선연맹 병사후원부 요청으로 중국에 파견된 조선인 출신 학도병을 위문하러 간다는 '합법적' 신분으로 평양에서 출발했다.

두 사람이 최종적으로 도착한 곳도 다르다. 두 사람은 모두 베이징에서 기차를 타고 남서쪽으로 내려가며 차차 태항산으로 접근한다. 그러다 스자좡石家莊과 싱타이邢臺 인근에서 내려 비밀 루트를 통해 일본 봉쇄선을 넘어 해방구로 넘어갔다. 이후 김태준은 부인과 함께 옌안까지 갔지만, 김사량은 조선의용군이 일본군과 교전하며 주둔하던 태항산 남장촌에 머물다 해방을 맞는다.

두 사람은 이때의 탈출 과정을 각각 『연안행』과 『노마만리』로 기록했다. 두 작품 모두 미완의 작품으로 남았지만 그들의 두려움과 고초, 환희와 희망을 짐작하기에 부족하진 않다.

● 김태준 부부와 김사량이 평한선 기차를 탄 옛 베이징역으로 지금은 '중국철도박물관'으로 쓰인다.

　　김태준의 『연안행』은 1946년 7월에 창간된 조선문학가동맹 기관지 『문학』 창간호에 처음 소개되었는데 총 3회를 끝으로 연재가 중단되었다. 하지만 작품은 완성된 것으로 추정된다. 『연안행』의 세 번째이자 마지막 연재가 실린 『문학』 3호에 『연안행』의 출간을 알리는 내용이 있고, 1947년 7월에 출긴된 『문학』 '공위재개 기념특집호'에는 판형과 면수, 판매 금액까지 기재된 『연안행』 광고가 실렸기 때문이다. 아래는 광고 문구다.

　　저자 김태준 씨는 일제 밑에서 굴욕적인 생활을 피해 멀리 중국해방지구인 연안까지 다녀왔다. 그동안에 겪은 체험과 견문은 원래 탁월한 세계관을 가졌고 박학한 씨氏에게 중국 인민들이 나가는 길을 똑바로 보게 하였다! 그뿐 아니라 이 책은 처음부터 끝까지 한숨에 읽도록 많은 사건이 널려 있고 아슬아슬히 마치 소설을 읽는 것같이 흥미진진하기도 하다!

1944년 11월 27일 대학병원 조수로 위장한 김태준은 경성역을 출발한다. 재혼한 박진홍과는 신의주역 인근에서 만났고, 이곳에서 '양심적 부호' '洪氏홍씨'를 만나 자신의 집과 책을 넘겨주는 조건으로 탈출에 필요한 여비와 도움을 받는다. 압록강을 건넌 두 사람은 연암 박지원의 『열하일기』의 연행 루트를 따라 산하이관 인근에 도달한다. 이후 우여곡절을 겪으며 톈진에 도착하고 이영선을 접촉한다.

톈진에서 베이징으로 간 두 사람은 베이징에서 남서 방향으로 뻗은 평한선을 타고 태항산에 접근한다. 당시 베이징이 북평北平으로 불렸기에 한커우漢口까지의 노선 이름이 평한선平漢線이었다. 1949년 중화인민공화국 수립 이후 '베이징北京'으로 이름을 회복해 철로 이름도 경한선京漢線으로 바뀐다. 지금도 태항산 답사를 위해서는 이 철로를 이용해 스사좡石家莊이나 한단邯鄲까지 이동해야 한다.

김태준 부부는 딩저우定州까지의 표를 샀지만 조선인이 거의 없는 왕두望都에서 내렸다. 일행이 다음으로 향한 곳은 리자좡李家莊이다. 현재 지도에서 왕두를 중심으로 '리자좡'을 찾으면 김태준이 향했을 남서쪽 방향으로 최소 네 곳이 검색된다. 그런데 김태준이 다음으로 도착한 곳이 당현唐縣 정부 소재지라고 했기에 그들의 이동 경로를 짐작할 순 있다.

김태준 부부는 2km마다 배치된 일본군 기관총 토치카 10여 개를 뒤로하고 리자좡에 도착한다. 경성을 떠난 지 보름이 지났고 사선을 몇 번이고 넘은 후였다. 김태준은 리자좡을 '군사상으로 말하면 초소요, 정치상으로 말하면 연락참'이라고 썼다. 안전지대에 들어선 것이다.

그런데 김태준은 어떻게 리자좡이 조선의용군과 연계된 팔로군 활동

지역이며, 그곳을 가려면 왕두에서 하차하는 게 안전하다는 사실을 알았을까? 그가 경성콤그룹 사건으로 서대문형무소에 수감돼 있었을 때 한 다리 건너 접촉한 심운沈雲 덕분이다. 그는 조선의용대가 태항산으로 북상할 때 '조선의용대 마지막 분대장' 김학철과 동행한 동지였다.

심운은 조선독립동맹에 소속된 '적구조직 공작원'으로 베이징과 톈진까지 진출한다. 그는 태항산에서 일본군 점령지로 나올 때 평한선 왕두에서 베이징행 기차를 탔다. 김태준이 일본군 점령지에서 태항산으로 들어갈 때와 역순이다. 그는 톈진에서 활동하다가 체포돼 국내로 압송되었고 서대문형무소에 수감되었던 것이다.

취안쟈거우泉家溝에서 조선의용군 한 지대를 만나기도 한 김태준 부부는 1945년 1월 태항산을 떠나 옌안으로 출발했다. 옌안에서의 김태준과 박진홍에 대한 역사적 기록은 거의 없다. 다만 사실을 바탕으로 한 소설적 상상력이 있어 아쉬움을 달랠 수 있다. '몽양의 붉은 사랑, 진옥출'이라는 부제를 단 『파란 나비』다. 진옥출은 실존 인물로 몽양의 막내딸 여순구의 친모다. 그녀는 태항산으로 탈출해 조선의용대 대원으로 활약했다. 소설에는 옌안에서 진옥출이 박진홍을 만나는 장면이 묘사돼 있다.

옥출이 자신을 진홍이 고향 친구라고 소개하며 반갑게 인사하자 박진홍도 얼싸안을 듯이 기뻐하며 그녀를 반겼다. 박진홍은 작년 11월 말에 남편과 단 둘이 서울을 떠나 꽁꽁 얼어붙은 중국 대륙을 걸어 올 4월에 옌안에 도착했다고 했다. 남편이 그 유명한 경성제대 교수 출신의 공산주의자 김태준이라는 사실도 놀라웠다.

그럼 소설가의 탈출기는 어떨까? 김사량은 식민지 시기 재일 한인 작

● 2023년 7월 태항산 답사 때 촬영한 것으로 싱타이과 왕두가 확인된다.

가를 대표하는 소설가다. 그의 소설 『빛 속으로』는 일본 최고 권위 문학
상인 아쿠타가와상 후보에 올랐다. 그는 이 작품의 후기에서 빛 속으로
빨리 나아가고 싶다고 썼는데, 1945년 5월 조선 출신 학도병 위문단원으
로 선발돼 중국에 왔을 때에야 탈출을 감행했다. 그가 이때의 경험을 기
록한 작품이 『노마만리』다.

　김사량에게는 공식적인 '단체 여행권'이 있었기에 베이징까지의 여정
은 순조로웠다. 1945년 5월 9일 오전 평양을 출발해, 다음 날 아침 산하이
관山海關의 치밀한 조사와 신문을 무사히 통과하고 그날로 베이징에 닿았
다. 5월 23일 공식적인 일정을 마친 김사량은 일전에 탈출을 약속한 동지
를 찾아 난징과 쉬저우徐州 등을 전전한다. 하지만 이들과 만나지 못하고
자포자기하는 심정으로 베이징으로 돌아오는데, 우연히 'Y대인', 즉 이영
선을 접촉하게 된다.

　5월 29일 평한선 남행 열차를 탄 김사량은 스자좡에서 공작원을 접촉
하고 기차를 갈아탄다. 다음 날 오후 순더順德역, 현재의 싱타이邢臺역에서

하차한 후 일행과 함께 한낮에 일본군 봉쇄선을 넘는다. 싱타이에서 최종 도착지인 태항산 남장촌까지는 직선거리로 약 100km 정도다. 그러나 '감자 더미 속을 두루 헤매는 개미 떼'와 같이 이동해야 했으니 실제로는 몇 배의 거리를 걸을 수밖에 없었다. 그래서 약 한 달 후 조선의용군이 주둔하던 태항산 남장촌에 도착한다.

　이동 중에 확인되는 지명은 딱 둘이다. 무안현武安縣과 사하현沙河縣. 사하현은 김사량 일행이 기차에서 내린 싱타이 바로 남쪽에 붙어 있고, 무안현은 사하현 남서쪽에 위치한다. 싱타이에서 최종 목적지인 태항산 남장촌을 잇자면 좌우로 대칭된 'ㄴ'자 모양이다. 싱타이에서 하차한 후 남쪽으로 향하다가 서쪽으로 길을 꺾은 것이다. 하지만 『노마만리』에는 세밀한 루트가 기록되어 있지 않다. 태항산에 잠입하려는 일본군 '특무'에게 정보를 노출할 수 있기 때문이었다.

> 태항산 중의 아침 해는 큰 눈을 뚝 부릅뜨고 앉아 있는 호랑이 모양의 거악 위로 희멀거니 솟아올라 너훌너훌 안개를 흩어뜨리면서 청장하 맑은 시내를 금빛으로 적시는 것이다. 아침 햇살을 받은 이 산중 분지는 그림같이 더욱 아름다웠다.

　『노마만리』에서 김사량은 남장촌을 이렇게 장하게 묘사했다. 남장촌은 '우리의 동맹과 의용군의 본거'였다. 남장촌 조선혁명군정학교 교육장으로 일했던 정율성은 지금도 '중국 인민의 영웅'으로 불린다. 그는 약산 김원봉이 세운 조선혁명군사정치간부학교 2기를 졸업하고 조선의용대에 참여해 태항산에서 항일전에 임하며 중국 청년을 '중국 혁명의 성지' 옌안으로 불러들였던 '연안송'과 훗날 중국인민해방군 공식 군가인 '중국

● 코로나 팬데믹 이후 첫 중국 태항산 답사 때 방문한 남장촌 옛 조선혁명군정학교다.

인민해방군 군가'가 된 '팔로군행진곡' 등을 작곡한 음악가로도 활약하고 있었다.

　김사량은 탈출에 성공한 후 처음으로 조선의용대를 만난 마을에서 '초소의 피오네르'를 만난다. 그는 퉁소로 자신이 가장 좋아하는 '의용군의 추도가'를 연주한다. 이 노래는 김학철 선생이 가사를 쓰고, 조선의용대 동지인 류신이 곡을 붙인 '조선의용대 추도가'다. 김사량은 『노마만리』에서 김학철을 '척각隻脚의 작가 김학철金學鐵'이라고 썼다. 호가장촌 전투에서 부상당한 김학철이 일본형무소 수감 중에 한 다리를 잃었기 때문이다.

　사나운 비바람이 치는 길가에
　다 못 가고 쓰러진 너의 뜻을

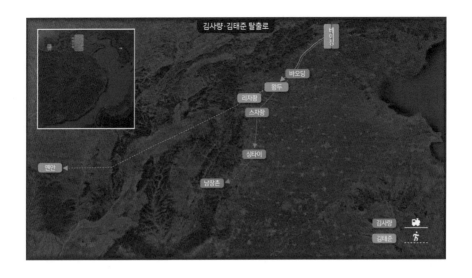

이어서 이룰 것을 맹세하노니
진리의 그늘 밑에 길이길이 잠들어라
불멸의 영령

만약 육사가 계획대로 충칭의 대한민국임시정부와 옌안의 조선독립동맹을 연결하기 위해 옌안에 가려 했다면 김태준과 김사량에 앞서 그들이 밟았던 비밀루트를 이용했을 가능성이 높다. 두 사람의 행적은 육사의 시도가 허무맹랑한 낭만적 치기에 불과한 것이 아님을 증명한다. 육사가 두 사람보다 앞서 적극적으로 중국행을 결정하고 실행했다는 점에 나는 주목한다.

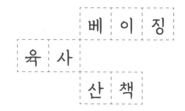

육사의 베이징 유학

우리는 망국 시기 조선 독립운동의 중심지 하면 상하이를 먼저 떠올린다. 1919년 통합 임시정부가 출범한 곳이기 때문이다. 그런데 당시 임정의 외교독립론에 모든 독립운동 세력이 동의한 건 아니었다. 미국을 비롯한 강대국과의 외교를 통해 독립을 쟁취하자는 주장이 자칫 일제 대신 서구 제국주의 국가에 위임통치를 청하는 꼴이 될 수 있음을 우려한 다수의 독립운동가가 있었다.

그들은 시간이 걸리더라도 일제와의 무장투쟁을 통해서만 진정한 독립을 얻을 수 있다고 판단했다. 이런 생각을 공유한 이들이 모인 곳이 베이징이다. 상하이 임정 요인 못지않게, 아니 어쩌면 그보다 더 폭넓은 지지를 얻으며 무장 독립투쟁을 지도했던 '북경 3걸', 우당 이회영, 심산 김

창숙, 단재 신채호가 베이징에서 활약했다. 독립기념관에서 운영하는 '국외독립운동사적지'에 상하이 독립운동 유적지 27곳과 비슷한 26곳의 베이징 독립운동 유적지가 소개된 것도 이러한 사실을 뒷받침한다.

이런 베이징에 육사도 여러 번 방문했다. 육사는 한 수필에 '나 자신이 다년간 중국에 있으면서'라고 쓰기도 했다. 1925년에 첫 기록이 보이고 1943년 베이징행이 마지막이었다. 하지만 육사가 베이징에 온 목적이나 실상은 제대로 밝혀지지 않고 있다. 다만 육사의 베이징 체류 중 비교적 상세한 기록이 남은 활동이 있다. 유학이다. 여러 자료를 검토해 보면 육사는 1926년 7월부터 다음 해 8월까지, 두 학기 동안 베이징에서 공부한 것으로 보인다.

육사가 공부한 대학은 상당 기간 잘못 알려졌다. 신문조서에 기록된 '中國大學중국대학'의 '中國'을 일반명사로 이해한 게 가장 큰 원인이었다. '중국대학'은 '베이징 사립 5교'로 불리던 명문대학이었다. 1913년 쑨원이 주도해 '국민대학'으로 개교했다가 1917년 위안스카이에 의해 '중국대학'으로 개명됐다. 현재의 위치인 정왕부鄭王府 자리로 이전한 건 1925년으로, 육사는 이 시기 중국대학에서 공부했다.

나는 조선의용대의 항일투쟁을 추적하는 다큐멘터리 촬영 때 옥비 여사를 모시고 중국대학을 찾았다. 육사 선생의 자취를 기대한 건 아니었다. 하지만 옥비 여사는 중국대학의 역사를 건조하게 설명한 표지석 앞에서 떠날 줄 몰랐다. 여든의 딸이 자신이 태어나지도 않았던 때 아버지가 다녔다는 학교 문 앞에서 남다른 감회에 젖는 듯했다.

옥비 여사가 어렸을 때 삼촌들은 자신이 돌아가신 아버지를 잊지 않도록 자주 그리고 반복적으로 중요한 사실을 물었단다. 대표적인 것이 육사가 베이징에서 공부한 학교와 학과였다. 삼촌들이 "아버지는 중국 무슨

● 중국대학 옛터

대학 무슨 과에서 공부했지?"라고 물으면, 어린 옥비는 "북경대학 사회학과"라고 뜻도 모르고 답했노라고 말씀하셨다.

'북경대학'은 현재 우리가 알고 있는 베이징대학으로 앞서 설명한 '중국대학'과는 다른 학교다. 육사도 베이징에서 우연히 만난 조선인 작가에게 자신의 모교가 '북경대학'이라고 밝힌 적이 있다. 과연 육사는 베이징대학에서도 공부했을까? 가능성이 없지 않다. 육사가 베이징에 체류할 당시 베이징대학은 청강생 제도를 두고 있었다. 즉 정식으로 베이징대학에 입학하지 않았더라도 베이징대학에서 수업을 들었을 가능성은 있다. 이를 뒷받침하는 글이 「계절의 오행」이다.

이 글에는 'Y교수'가 등장하는데, 연구자들에 의하면 그는 마위짜오^{馬裕藻} 교수란다. 그는 당시 베이징대학 교수였지만 중국대학에서도 강의를 했

● 적벽돌 건물이 북대홍루이고, 오른쪽 삼각형 모양의 조형물이 '5,4운동 기념비'로 '1919.5.4.'가 확인된다.

다고 한다. 이 수필의 서술자 '나' 곧 육사가 마위짜오 교수의 「贋作^{안작}」이
라는 글에 나름의 감상을 이야기한 적이 있었다. 그러자 마위짜오 교수가
육사를 눈여겨보았고 이후 육사와 함께 종종 산책을 했다는 것이다.

> 고도^{古都}의 가을바람이 한층 낙막^{落寞}한 자금성^{紫金城}을 끼고 돌면서 고
> 서와 골품^{骨品}에 대한 얘기와 역대 중국의 비명^{碑銘}에 대한 지식을 가르
> 쳐 준 것이 인연이 되어, 나는 그의 연구실을 자주 드나들게 되었나이
> 다.

여기서 육사는 '紫禁城^{자금성}'을 '紫金城'으로 잘못 쓰고 있는데, 그보다 더
중요한 사실은 1920년대 베이징대학이 현재의 베이징 서쪽 중관촌^{中關村}이

아니라 자금성 북동쪽에 위치했다는 점이다. 이 시기 베이징대학은 '북대
홍루北大紅樓'로 불렸다.

이곳은 근대 중국 역사에서 가장 중요한 사건으로 꼽히는 5.4운동이 시
작된 곳이다. 그래서 학교 바로 옆에 5.4운동기념비가 있다. 이곳에서 육
사의 순국처 또한 멀지 않다. 그런데 내가 이곳을 주목하는 데는 다른 이
유가 있다. 만약 육사가 북대홍루에서 마위짜오 교수의 수업을 청강했다
면 육사의 삶과 문학에 큰 영향을 미친 훗날의 한 인연이 이곳에서 시작
되었을 수도 있기 때문이다.

마위짜오 교수는 루쉰과 매우 가까웠다고 한다. 루쉰의 일기에 마위짜
오 교수가 200회 이상 등장한다고 하니 둘 사이를 짐작할 수 있겠다. 루
쉰 또한 북대홍루 시기 교수로 재직한 적이 있다. 그래서 이곳에 루쉰 교
실이 복원돼 있다. 다만 루쉰이 베이징대학에서 겸임교수로 강의한 때는
1925년 9월에서 1926년 5월이고, 육사가 중국대학에 입학한 시기는 1926
년 7월 직전이다. 따라서 육사가 베이징대학에서 청강했다 하더라도 직
접 루쉰의 수업을 들을 수는 없었다.

훗날 육사는 상하이에서 루쉰과 짧게 만난 적이 있다. 그리고 조선에
들어온 후 육사는 그의 소설을 번역하고, 루쉰 사후엔 장문의 「루쉰 추도
문」을 쓴다. 나는 늘 이것이 상하이에서의 단 한 번의 만남으로는 설명되
지 않는다고 생각했다. 혹 육사는 베이징 유학 시절 마위짜오 교수를 통
해 이미 루쉰을 알고 있지 않았을까?

나는 작은 가능성을 「루쉰 추도문」에서 본다. 육사는 베이징 유학 10년
후인 1936년 이 글을 쓰면서 루쉰이 1926년 3.18참변 후에 쓴 글 일부를 인
용한다. '붓으로 쓴 헛소리'는 '피로 쓴 사실'을 속일 수 없다는 내용이다.
루쉰이 '민국 이래 가장 어두운 날'로 명명한 이 사건 당시 주권 침탈에 항

의하는 시민과 학생에게 군벌 군대가 발포해 47명이 사망한다. 이 중에는 루쉰의 제자도 있었다.

육사는 3.18참변 몇 달 후 중국대학에서 공부했으니 이 사건의 파장을 직접 경험했을 것이다. 그리고 당국의 체포 명령을 피해 피란하는 급박한 상황에서도 제자의 죽음을 추도해 쓴 루쉰의 글에 적잖은 감명을 받았으리라. 육사가 베이징에서 루쉰을 직접 만나진 못했더라도 마위짜오 교수를 통해 당시 루쉰이 겪고 있던 고초를 실감나게 듣진 않았을까?

육사가 베이징에서 공부할 당시 중국은 국민당과 공산당의 국공합작을 기반으로 적폐 세력인 지역 군벌을 타도하고 있었다. 그런데 3.18참변 1년 후인 1927년 4월 상하이 쿠데타가 발생한다. 중국국민당이 외세와 결탁해 국공합작을 배신한 것이다. 육사는 3.18참변과 상하이 쿠데타를 통해 중국 군벌과 중국국민당의 반민족적 작태를 두 눈으로 똑똑히 보았으리라. 반민족 세력의 준동蠢動은 육사 또한 망국으로 이미 경험했다. 하지만 외세에 대항하고자 연합했던 세력이 도리어 같은 민족을 배신하는 사태에 육사는 경악했으리라.

그런데 공교롭게도 조선의 국공합작이라고 할 신간회가 상하이 쿠데타 두 달 전에 결성된다. 국내의 진보적 사회주의자와 양심적 민족주의자의 결힙체인 이 단체에 육사는 귀국 후 적극적으로 참여한다. 중국에서의 실패가 조선에서 반복돼선 안 된다는 절박함 때문이었을까.

전국적으로 폭풍우같이 밀려오는 탄압이 나날이 그 범위가 넓어지고 그 도수가 앙양됨을 따라 증전曾前에 보지 못하던 수난기에 있는 조선의 사회운동이란 것이 일률적으로 침체라는 불의의 병에 걸려 있으니 (……) 항상 전위前衛에 나선 용자勇者가 희생을 당하면 연連해 곧 진영을 지키고 후임을 계승할 만한 투사가 끊어지지 않아야 할 것이니, 새로운 용자여, 어서 많이 나오라.

희생을 당한 '전위에 나선 용자'는 곧 육사 자신이었다. 1927년부터 1930년까지 육사는 장진홍 의거, 광주학생운동, 대구격문사건 등으로 연달아 체포, 구금, 고문 당했기 때문이다. 육사가 참여한 신간회는 광주학생운동 진상조사를 하는 과정에서 지도부가 타격을 입고 그 여파로 1931년 자진 해산하기에 이른다. 이 글은 신간회 해소 반년 전에 발표된 것이니 조선의 사회운동에 '폭풍우같이 밀려오는 탄압'이 구체적으로 무엇을 의미하는지 분명히 알 수 있다.

중산공원과 북해공원

나는 3년 동안 베이징에 체류한 적이 있다. 아파트 문만 나서면 해외여행이라는 생각으로 열심히 베이징을 걸었다. 육사를 비롯해 베이징에서 활약한 독립운동가의 자취를 찾는 답사 때도, 『열하일기』에 기록된 연암 박지원의 베이징 유람을 뒤따를 때도 늘 중심은 자금성이었다.

'노북경老北京'이라 불리는 자금성 일대는 중국 역사의 중심이기도 하지만 우리 근대사와도 적잖게 얽혀 있다. 우당 이회영, 단재 신채호의 거처가 인근이고 님 웨일즈 『아리랑』의 주인공 김산이 살았던 집도 지척이다.

1943년 봄 베이징에 온 직후 육사는 문학평론가 백철을 중산공원에서 우연히 만난다. 그는 당시 조선총독부 기관지 『매일신보』 특파원으로 베이징에 와 있었다. 중산공원中山公園의 '中山중산'은 쑨원의 호로, 1925년 쑨원 사망 직후 유해가 잠시 이곳에 안치된 것을 기념해 조성되었다. 원래 이

● 중산공원 전경으로 패방 뒤로 보이는 동상이 중국의 국부로 추앙되는 중산 쑨원이다.

곳은 중국 왕조 시기 사직단 자리다. 그래서 맞은편에는 역대 황제의 위패를 모신 태묘가 있다.

　많은 이들이 천안문을 자금성 정문으로 잘못 알고 있다. 천안문은 자금성을 감싸고 있던 황성의 남문으로, 천안문을 통과해 만나는 단문端門을 지나야 자금성의 정문인 오문午門을 마주하게 된다. 중산공원은 천안문과 오문 사이, 자금성의 남서쪽에 위치한다. 이때 백철은 육사의 인상을 이렇게 묘사했다.

　　육사의 인상은 옛날대로 머리에 기름을 발라 올백으로 빗어 넘기고 빨간
　　넥타이를 매고 있으나, 어딘지 얼굴이 초췌하고 해서 혹시 가슴이라도 나
　　쁜 것이 아닐까 하고 생각될 정도로 얼굴빛이 창백했다.

그리고 1944년 가을, 그러니까 육사가 순국한 지 반년 정도 지나 일본 정보원이 찾아와 육사에 대해 여러 가지를 캐물었다는 증언도 백철은 남겼다. 육사가 행방불명됐다고 거짓말을 한 사복형사는 육사와 육사의 시에 대해 묻는다. 그는 육사가 '철저한 민족주의자'냐고 물은 후 일본어로 번역된 「청포도」를 들이밀며 추궁을 하더란다.

"여기서 기다리는 貴人(저자 주: 손님의 일본어 번역어)이 누구냐"고까지 물었다. 그리고 나아가서는 육사의 아우인 이원조에 대한 이야기까지 묻고 있었다. 사실 나는 그때까지 이육사가 특별히 민족주의자였다는 생각을 한 일도 없고 그의 시를 반드시 그렇게 해석할 수 있겠느냐 하는 자기 생각을 폈다.

1943년 베이징에서의 육사 행적을 증언하는 글이 거의 없다 보니 백철의 기록은 소중하다. 하지만 명백한 반민족 친일 행위로 『친일인명사전』에 수록된 그를 통해 육사 생의 마지막을 살펴야 한다는 사실이 안타깝다. 하지만 육사가 족적을 남긴 자금성 인근의 다른 곳은 사정이 달라 위로가 된다.

중산공원과 태묘 뒤로 위치한 거대한 자금성을 통과하면 경산공원에 닿는다. 이곳은 사람의 힘으로 쌓은 인공산이다. 경산공원 서쪽 북해공원의 호수를 조성하며 나온 흙으로 산을 쌓아 만든 것이다. 경산공원 정상에서 자금성을 조망하고 서문으로 나오면 바로 북해공원으로 들어갈 수 있다.

베이징에 도착한 육사는 먼 친척 되는 이병희와 가깝게 지내는데 앞서 이야기한 대로 그녀는 육사 사후 육사의 시신을 수습한 이다. 육사가 이

● 호숫가의 연이은 전각이 오룡정이고, 오른쪽 야트막한 산 정상에 선 것이 백탑이다.

병희에게 충칭과 옌안행을 이야기한 곳이 북해공원이다.

북해공원은 여행객이 아니라 베이징 시민이 찾는 곳이지만 명소가 없진 않다. 중국 3대 구룡벽九龍壁 중 하나가 이곳에 있다. 호숫가에 부드러운 곡선을 그리며 세워진 다섯 개의 정자 오룡정五龍亭에서 연암은 북해北海 호수를 조망하며 이곳의 아름다움이 인간 세상의 것이 아니라고 극찬하기도 했다. 나 또한 '연암'을 따라 북해공원을 수십 번 이상 답사했다.

하지만 내게 가장 특별히 기억되는 것은 옥비 여사와 함께 걸었던 때의 북해공원이다. 70여 년 전 아버지가 걸었던 호숫가를 딸은 찬찬히 그리고 묵묵히 걸었다. 순국처를 다녀온 직후라 아버지가 마지막으로 품은 계획을 토로했던 이곳이 남다른 심회를 불러일으켰는지 모른다.

나는 차분히 기다린 후 김해양 선생과 옥비 여사에게 이곳을 산책한 또한 명의 항일 투사를 소개했다. 경산공원 인근에 살았던 김산이다. 혁명가는 독신이어야 한다는 신념을 갖고 있던 김산은 '유령'이라는 중국 여성의 정열적인 구애에 '무릎을 꿇었다'. 그리고 감격해 이렇게 말한다. "살

베이징 육사 산책

북해공원   북대홍루   순국처

자금성

중국대학

중산공원   태묘

인민대회당   천안문광장   국가박물관

아 있다는 것은 좋은 일이다." 이어지는 글은 『아리랑』의 일절이다.

> 다음날 오후 나는 그녀를 데리고 북해로 갔다. 우리는 아주 즐겁고 가벼운
> 마음으로 맑고 쌀쌀한 공기를 마시며 손을 맞잡고 공원을 이리저리 거닐었
> 다. 지나가는 사람들이 미소를 지었고 우리도 미소를 보냈다. 온 세상이 친
> 근하게 느껴졌으며 빛과 영광으로 가득한 듯하였다. 우리는 벤치에 앉아서
> 석양이 북해의 흰 사리탑에다 부지런히 풋내기 예술가처럼 알록달록하게
> 수를 놓는 것을 바라보았다.

철들기도 전 서간도 신흥무관학교에 입교해 항일 투사로서 훈련받고 평생을 조국 해방을 위해 가장 치열하고 끈기 있게 싸웠던 김산, 그는 중국 혁명의 성지 옌안에서 일본 스파이로 몰려 죽었다. 육사가 충칭을 거

쳐 가려던 옌안에서 그는 흔적도 없이 사라졌다. 육사가 베이징에서 그러했던 것처럼. 그러나 나는 달리 생각하기로 했다. 나라가 망했을지언정 김산의 젊음은 북해공원 오후 햇살처럼 빛났고, 해방의 기약은 없었을지언정 육사의 의지는 이곳 백탑처럼 단단했으리라고.

상상의 나래를 편 김에 나는 연암까지 호출했다. 병자호란 이후 조선은 일제강점기 조선과 다르지 않았다. 연암은 대청제국에 휘둘린 조선의 주체성 회복을 위해 조선 지식인의 각성을 촉구했다. 그랬던 연암의 사상과 실천은 국권이 위태롭던 시기 후손들에게 변주되었다. 연암의 손자 환재 박규수가 젊은 개화파 청년을 지도할 때의 교과서가 『연암집』이었다. 날씨가 좋았던 탓일까, 아니면 이육사 선생의 따님과 김학철 선생의 아드님과 함께 걸었기 때문일까? 북해공원에서의 상념은 끝이 없었다.

육사의 도쿄 유학

베이징 유학에 앞서 육사는 도쿄에서 공부한 적이 있다. 고향에서 할아버지로부터 한학을 배우고 보문의숙, 도산공립보통학교에서 처음 근대학문을 접한 후 영천 백학학원에서 학생으로 배우고 졸업 후에는 교사로 가르친 직후인 1924년이었디.

육사는 도쿄 유학 때 세 학교에서 공부한 것으로 보인다. 일본의 경찰 기록에는 세이소쿠正則 예비학교와 니혼日本대학 문과 전문부, 그리고 검찰 신문조서에는 긴조錦城 예비학교가 확인된다. 조선에서 도산공립보통학교와 백학학원에서 공부했던 육사는 대학 전문부나 고등예비학교를 거쳐야 대학에 입학할 수 있었기에 예비학교를 다녔던 것으로 보인다.

도쿄 답사 때 이곳을 찾았던 나는 의아한 생각이 들었다. 세이소쿠 예비학교와 긴조 예비학교가 딱 붙어 있었던 것이다. 왜 육사는 인접한 예비학교를 두 곳이나 다녔을까? 세이소쿠 예비학교는 당시 조선 유학생에게 '정측正則영어학교'로 불렸는데, 그렇다면 이곳에서 영어를 배우고 긴조 예비학교에서는 상급학교 진학을 위한 공부를 했던 것일까? 현재로선 알 수 없다.

그런데 육사의 도쿄 유학엔 이상한 점이 한 가지 더 있다. 당시로선 쉽지 않았을 일본 유학을 채 1년이 못 돼 중단하고 귀국한 점이다. 육사는 4월에 시작하는 일본 학기에 맞춰 1924년 봄에 도쿄로 건너갔다가 다음 해 1월에 귀국했다. 육사가 조선 고학생이 학원처럼 다녔던 예비학교를 다니다 귀국할 수밖에 없었던 이유는 무엇일까? 나는 육사가 유학을 떠나기 반년 전 발생했던, 따라서 육사의 유학 시절까지도 이어지고 있었을 관동대진재와 재일조선인 학살이 중요한 이유라고 생각한다.

1923년 9월 1일 오전 11시 50분, 일본 관동지역에 진도 7.9의 초강력 지진이 발생한다. 점심 식사를 준비하던 때라 대부분이 목조건물이었던 주택가에 화재가 발생한다. 그 결과 14만 명이 넘는 사상자 및 행방불명자가 발생했고, 300만 명가량의 이재민이 발생하는 대재난으로 이어졌다.

지진은 인간이나 국가가 어찌할 수 없는 자연 재난임에도 불구하고 가족과 재산을 잃은 민중의 분노가 정부로 향할 것을 염려한 일본 당국은 조직적으로 유언비어를 퍼트린다. 혼란을 틈타 조선인이 폭동을 일으키려 한다, 조선인이 떼를 지어 몰려다니며 일본인을 살해한다는 등의 낭설을 경찰, 군대, 정부조직 등이 유포한 것이다.

재난으로 인한 이성의 부족과 분노의 과장으로 뭉쳤을 일본인들은 무차별적으로 조선인을 학살했다. 현재 가장 널리 인용되는 피학살 조선인 수는 6,661명이다. 이는 당시 『독립신문』 사장 김승학에게 상하이 교민단

● 앞쪽으로 세이소쿠, 뒤쪽으로 긴조가 확인된다.

조사단이 보고한 것이다.

육사가 남긴 일본 유학 시절에 대한 기록은 없다. 다만 스치듯 이 시기를 언급한 내용이 「계절의 오행」에 보인다. '동해를 건넜고'라는 표현이 도쿄 유학을 의미하는 듯하다. 그리고 당시 읽었던 책이 나열되는데 이 책들은 육사가 어린 시절 읽었을 한문 고전이 아니다.

나는 그 물소리를 따라 어디든지 가고 싶은 마음을 참을 수 없어 동해를 건넜고, 어느 사이 플루타르코스의 영웅전도 읽고 시저나 나폴레옹을 다 읽은 때는 모두 가을이었습니다마는 눈물이 무엇입니까. 얼마 안 있어 국화가 만발할 화단도 나는 잃었고 내 요람도 고목에 걸린 거미줄처럼 날려 보냈나이다.

왜 육사는 이때 '눈물'이 나고 '화단'을 잃고 자신의 '요람'도 날려 보냈다고, 그토록 절망적으로 썼을까? 육사의 절망은 그가 도쿄에서 직접 목격한 관동대진재와 재일조선인 학살이 아니었을까? 자신들의 이익을 위해서는 다른 이들을 학살해도 좋다는 인간성의 종말을 육사는 확인하고 절망했던 건 아닐까.

'국화가 만발할 화단'이란 계절의 순행과 일상의 지속을 의미할 텐데 그것도 잃어 버렸고, 요람이란 고향이자 조국일 터이니 그것을 날려 보냈다고 육사는 그렇게 쓸 수밖에 없었으리라. 이 글을 발표한 1938년 12월이면 1년 전 발발한 중일전쟁으로 조선 반도 전체가 전시체제로 강제 편입되던 때였다. 육사에게 당시 정세가 도쿄 유학 시절 경험한 관동대진재 및 조선인 학살의 참상과 오버랩되지 않았을까.

나는 육사가 관동대진재와 재일조선인 학살을 남다른 심정으로 마음에 품었으리라 추측한다. 안동 출신의 의열단 김지섭 의사 의거 때문이다. 육사가 도쿄에 도착하기 직전인 1924년 1월 김지섭 의사는 일왕의 거처 출입구인 니주바시에 폭탄을 던진다. 관동대지진 당시 조선인 학살에 대한 책임을 묻는 의거였다.

금산부 재판소 서기로 일할 때 망국을 맞은 김지섭 의사는 이때 삶에 큰 전기를 맞는다. 경술국치에 죽음으로 항거했던 금산군수 홍범식이 평소 아끼던 김지섭을 불러 가족들에게 남길 유서를 맡긴 것이다. 김지섭은 홍범식의 장남에게 유서를 전하는데, 그가 『임꺽정』을 쓴 소설가이자 저명한 항일지사인 벽초 홍명희다. 이런 인연으로 해방 후 의열단 동지들과 각계 인사들의 발의로 김지섭 지사의 장례를 사회장으로 다시 지낼 때 벽초가 장례위원장을 맡는다.

육사는 1937년 도쿄를 한 번 더 방문한다. 이때 도쿄에서 활동하던 무용가 박외선을 인터뷰해 『창공』 창간호에 발표한다. 글 마지막에 육사가 방문한 공간이 나온다. 박외선을 비롯한 다수 무용가가 공동 공연을 한 히비야공회당이다. 박외선은 훗날 아동문학가인 마해송과 결혼한다. 그의 아들은 시인 마종기다.

> 12일 오후 7시 반 봄비가 시름없이 내리는데도 나는 히비야를 갔다. 벌써 박 양의 출연 시간이었다. 「포도」는 거의 끝이 나고 「카네이션」이 시작되려는 때였다. (……) 나는 그날 밤 11시 차로 도쿄를 떠나며 곱게 피어오른 '카네이션'의 맑은 향기를 머릿속에 그려도 보았다.

위 인용문의 '히비야日比谷'는 히비야공원 내의 '日比谷公會堂히비야공회당'을 가리킨다. 육사는 1919년 2월 12일, 이곳에서 2.8독립선언에 이은 또 한 번의 독립선언이 있었음을 알고 있었으리라. 그리고 체포된 조선 청년을 성심으로 변호한 일본인 변호사 후세 다츠지도 떠올리지 않았을까? 육사가 도쿄에 유학하는 동안 진행된 김지섭 의사 재판에서 변호를 맡은 이도 후세 다츠지다. 후세 다츠지 변호사는 1년 전 조선으로 건너가 의열단원 김시현을 변호하기도 했다. 김시현 선생 또한 김지섭 의사와 마찬가지로 안동 출신이다. 육사는 이때로부터 8년 후 난징 조선혁명군사정치간부학교에서 학생과 교관으로 김시현 선생을 만난다.

육사가 유학을 이어갈 수 없었던 관동대지진 이후 조선인 학살을 고발하고, 박열, 가네코 후미코 부부를 변호한 이도 후세 다츠지다. 일찍이 「조선 독립운동에 경의를 표함」이라는 문장을 쓴 그다운 행보다. 1953년 9월 13일 후세 다츠지 선생의 고별식이 열린 곳도 히비야공회당이다.

● 건물 옥상에 '日比谷公会堂 HIBIYA PUBLIC HALL'이 확인된다.

3장

무장투쟁 최전선에 서다

난징·상하이

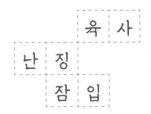

NO. 3-1

육사
난징
잠입

나의 앞에 광명이 가까워오니

우리는 중고등학교 시절 「청포도」의 '내가 바라는 손님'과 「광야」의 '백마 타고 오는 초인'이 육사를 비롯한 독립운동가라고 배웠다. 그래서 육사를 저항시인으로 규정하는 데 어떤 의문도 갖지 않았다. 그런데 우리는 육사가 어떤 저항의 삶을 살았는지 배웠는가?

육사가 일제에 저항한 구체적 내용은 무엇인가? 육사는 일제강점기를 '매운 계절'과 '찬 새벽'으로 비유하고, 조국 독립의 절절한 소망을 '강철로 된 무지개'와 '바람결 따라 타오르는 꽃성'으로 형상화한, 일제에 항거한 저항시를 쓴 시인일 뿐인가?

이제 우리는 육사 항일투쟁의 최정점으로 가보자. 장진홍 의거로 처음 체포된 후 수차례 구금과 고문을 견딘 것이 육사 항일투쟁의 전부가 아니다. 육사는 중국 난징에 김원봉 장군이 세운 조선혁명군사정치간부학교 1기로 입교해 항일 무장투쟁 중간 간부로서 훈련을 받았다.

육사가 난징으로 향했던 시기는 일제가 만주사변을 도발하고 만주국을 세운 때다. 항일투쟁의 터전이던 만주가 일제의 괴뢰국으로 전락하면서 중국 또한 일제 침략에 심각한 타격을 입던 상황이었다. 이때 중국 내에서 항일투쟁의 선봉에 선 이는 조선 청년이었다. 그래서 이봉창, 윤봉길 의사의 의거 이후 중국국민당은 조선의 독립운동을 적극 지원한다.

임시정부의 백범은 장제스와의 면담을 통해 장기적인 항일전쟁에 대비한 군인 양성에 나선다. 중국 낙양군관학교에 한인특별반을 설치해 조선 청년이 군사훈련을 받을 수 있게 한 것이다. 그러나 약산은 백범과는 달랐다. 황포군관학교 스승이기도 한 장제스를 설득해 자신이 직접 지금의 사관학교 격인 군사간부학교를 설립한다. 그 학교에 육사가 첫 번째 기수로 입학한 것이다.

대구에서 활동하던 육사가 어떻게 중국 난징에 설립된 조선혁명군사정치간부학교를 알았는지, 어떤 이유로 이 학교에 입학했는지에 대해 여러 주장이 있다. 각 주장의 타당성을 판단할 능력이 내겐 없다. 다만 나는 육사가 어떤 경로로 난징에 잠입했는지, 어디에서 훈련했고 졸업 후 조선으로 잠입할 때 어떤 경로를 거쳤는지를 추적해 왔다. 그리고 육사가 이 시기 남긴 글을 통해 육사의 당시 마음자리를 짐작해 볼 따름이다.

일본과 중국 유학을 마친 육사는 1920년대 후반 대구에서 기자로 활동하며 청년 계몽운동에 나선다. 당시 지식인이 조선에서 합법적으로 할 수 있는 일에 매진한 것이다. 그러다 1927년부터 1931년까지 세 차례나 검거되면서 격심한 고문을 당한다. 육사는 이때 조선 내에서의 합법적 활동이 종언을 고했음을 직감했을 것이다.

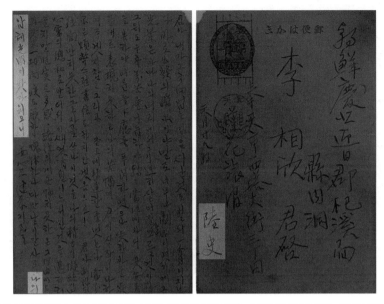

● 육사가 펑톈奉天에서 이상흔에게 보낸 엽서로 '陸史'와 '나의 압헤 光明이 갓가워오니'라는 구절이 확인된다.
ⓒ이육사문학관

    1932년 1월 도쿄에서 엄청난 소식이 들려온다. 이봉창 의사가 일본인이 신으로 떠받드는 일왕을 향해 폭탄을 던진 것이다. 육사는 이 사건에 강한 자극을 받았을 것이다. 자신이 도쿄로 유학을 가기 직전에도 김지섭 의사가 같은 장소에서 같은 의거를 일으켰다.

    육사는 1932년 4월 처남 안병철과 함께 펑톈, 지금의 선양瀋陽으로 간다. 그리고 그곳에서 석정 윤세주를 만난다. 육사는 이때 경북 영일에 있는 친척에게 엽서를 보내며 자신의 이름을 '陸史'로 쓴다. 현재 우리가 알고 있는 선생의 호 '육사'의 한자 표기다. 뒤에서 살피겠지만 '육사'는 다른 한자로도 쓰였다. 이때 육사는 앞으로의 행적을 암시하고 다짐한 듯한 글을 보낸다.

● 건물 위 '南京北站(난징 북역)'과 표지석의 '浦口火车站(푸커우 기차역)'이 모두 확인된다.

출발의 순간이야말로 너무나 극적이었기에 그 광경은 아마 나의 머리
에서 영원히 사라질 줄 모를 것이다. (……) 당분간은 번폐煩弊스런 서
신도 하지 않겠음으로! (……) 날이 갈수록 나의 앞에 광명光明이 가까
워오니 안심코 건강키를.

육사는 1932년 9월 톈진에서 난징으로 향했다. 영화 「밀정」에서 배우
공유가 연기했던 의열단원의 실제 모델 김시현, 그리고 윤세주, 안병철과
함께였다. 톈진역에서 기차를 탄 일행이 도착한 곳은 현재의 난징역이 아
니라 푸커우역이었다. 톈진天津과 푸커우浦口를 연결하는 진포선津浦線 열차
를 이용했기 때문이다.

난징은 1908년 상하이와 철도로 연결되며 근대적인 상공업 도시로 발

전했다. 그리고 1912년 진포선이 완공되면서 교통의 요지가 된다. 푸커우는 장강 북쪽에 위치하기에 강 남쪽의 난징 중심부와 떨어져 있다. 당시에는 두 지역을 잇는 다리가 없어 배로 건널 수밖에 없었다.

나는 꼭 배를 타고 푸커우로 건너가고 싶었다. 자신도 있었다. 대한민국임시정부 100주년 특집 다큐멘터리 촬영 때 장강을 영상에 담기 위해 이곳에서 배를 탄 적이 있었기 때문이다. 2020년 옥비 여사와 답사 일행은 1932년 육사와 일행이 강을 건너 도착했을 중산中山 부두에서 배를 타고 장강을 건넜다. 현재는 장강대교長江大橋로 두 지역이 연결되었지만, 통행료가 비싸 일부 화물차는 지금도 배를 이용해 장강을 건넌다.

중일전쟁 발발 직후 난징은 일본군에 함락되고 중국국민당 정부는 장강을 거슬러 내륙의 임시수도 충칭으로 피란한다. 그때 대한민국임시정부도 피란길에 오르는데 정정화 여사는 이때를 '물 위에 뜬 임시정부'라썼다. 육사가 장강을 건널 때는 만주사변으로 중국 동북 지방을 침탈한일제가 괴뢰 만주국을 세워 본격적인 중국 침략에 나섰을 때니 상황이 크게 다르지 않았다.

난징 북역으로 역명이 바뀐 푸커우역은 이제 역사驛舍로서 기능하지 않고 문화재로 보호되고 있다. 그래서 오히려 답사하기가 수월했다. 옥비여사는 역사 옥상에 설치된 '南京北站' 네 글자를 보고 오래 자리를 떠나지 못했다. 아버지가 합법적인 기자 신분을 포기하고 무장투쟁 투사로 단련받기 위해 첫발을 디딘 곳이기 때문일까, 목숨까지 걸어야 했던 당시아버지의 마음이 쉽게 읽히지 않아서였을까? 우리는 그곳에서 옥비 여사를 모시고 단체 사진을 찍었다. 옥비 여사만큼은 아니어도 우리 또한 당시 육사의 마음자리에 닿고 싶었기 때문이다.

역사를 둘러보는데 일행 중 한 사람이 환호했다. 역사 왼편으로 1930년

● 푸커우역 플랫폼

대 당시 플랫폼과 철로가 보이는 곳을 발견했기 때문이다. 철창으로 막혀 들어갈 순 없었지만 우리는 각자의 상상으로 1932년 9월 어느 날의 한 장면을 마음에 그렸다. 조국 해방 투쟁 최전선의 투사로 거듭나기 위해 목숨까지 바칠 각오로 푸커우역 플랫폼에 내리는 육사 이원록, 석정 윤세주, 하구 김시현을 슬로비디오 화면처럼 상상하며 나는 철창 너머를 오래 바라보았다.

그러면서 나는 이곳에서 육사와 달리 먼 길을 떠난 다른 한 명의 항일 투사를 배웅했던 또 다른 분들을 떠올렸다. 육사가 이곳에 도착한 지 4년 후인 1936년 『Song of Ariran』의 주인공 김산은 이곳을 출발해 옌안으로 향했다. 그를 배웅한 이는 훗날 '중국 인민 음악가'로 추앙된 정율성, 그리고 조선인과 폭넓게 교우하며 조선 독립을 지지한 중국인 뤄칭羅靑이다.

뤄칭은 당시를 이렇게 회고했다. "나와 율성이 그가 포구浦口역에서 출발하는 것을 배웅했다. 그러나 그것이 나와 그의 영원한 이별이 될 줄은 몰랐다." 왜 영원한 이별이 되었던가? 육사가 그토록 가고 싶어 했던 옌안에서 김산은 일본 스파이라는 허망한 누명을 쓰고 처형되었기 때문이다.

기록에 다소 혼선이 있지만, 장강을 건넌 육사 일행은 호가화원胡家花園으로 향했다. 이곳은 김원봉 계열의 청년들이 머물던 일종의 대기 장소이자 훈련소였다. 김원봉에게 호의적이었던 후다하이胡大海의 장원인 이곳은 오랫동안 폐허로 방치돼 있었다. 그래서 나는 이전에 세 차례나 이곳 입구 주변만 서성이다가 발길을 돌릴 수밖에 없었다.

그런데 옥비 여사를 모시고 간 2020년 1월 답사 때 드디어 이곳에 들어갈 수 있었다. 호가화원은 중앙에 상당한 규모의 연못이 조성돼 있었다. 연못을 중심으로 높낮이를 달리한 지형에 정자와 주거용 건축물이 배치돼 있었다. 우리의 시선은 근사한 놀이 공간보다 단정한 주거 공간에 쏠렸다. 육사를 비롯한 조선 청년이 꼭 그 건물은 아니더라도 그 언저리 어디에 묵었으리라는 상상 때문이리라.

다음으로 우리는 현무호 오주공원으로 발길을 옮겼다. 육사의 거처가 그리로 옮겨졌기 때문이다. 난징에는 명나라 때의 거대한 성벽이 남아 있다. 베이징으로 천도하기 전까지 난징이 명의 수도였기 때문이다. 남경성 북쪽 성벽에 잇대어 있는, 둘레가 25km에 이르는 호수가 현무호이고 호수에 산재한 다섯 개의 섬이 오주공원五州公園이다.

현무호에서 육사는 약산 김원봉을 독대한다. 호수에 배를 띄우고 마련한 자리였지만 낭만적이기보다는 긴장감이 팽팽했으리라. 약산은 현 정세에 대해 육사의 견해를 묻는다. 그리고 뜻밖에 군관학교 교관을 맡아 달라는 요청을 한다. 윤세주가 육사를 정치학 교관으로 추천했기 때문이다.

● 왼쪽이 호가화원이고 오른쪽이 오주공원이다.

이제 우리는 육사가 훈련을 받았던 조선혁명군사정치간부학교 1기 훈련 장소로 가야 한다. 난징 시내에서 대기하던 육사 일행이 1932년 9월 말 난징 시외 탕산의 서사묘善祠廟로 이동해 학교 터 닦기 작업을 했다는 기록은 남아 있다. 하지만 난징과 상하이 간 고속도로가 건설되면서 간부학교 1기 훈련 장소는 완벽하게 사라졌다.

사정이 그러하기에 나는 수차례 난징 답사를 하면서도 이곳 답사는 계획하지 않았다. 정확한 위치도 알 수 없고 당시를 증언할 유형의 어떤 것도 없는 곳을 서성이는 건 빠듯한 답사 일정을 고려할 때 무모하기 때문이다. 하지만 옥비 여사가 동행하자 상황과 마음 자세가 달라졌다. 청년 시절의 아버지가 땀 흘린 그 땅을 꼭 가보고 싶다는 딸의 간곡한 바람을 외면할 수 없었다. 당시 주소로 현재 위치를 검색하니 주변에 적잖은 호수와 온천이 있었다. 군관학교 유적과는 거리가 한참 멀었다. 우리는 휑한 도로 한쪽에서 단체 사진을 찍을 수밖에 없었다.

짙은 아쉬움에 나는 1932년 10월 20일 이 근방에서 열렸을 입교식과 졸

● 조선혁명군사정치간부학교 1기 훈련 장소 인근에서의 단체 사진이다.

업식을 설명했다. 육사를 포함해 학생 20명이 입교했고 이후 6명이 추가로 들어오면서 조선혁명군사정치군관학교 1기 졸업생은 총 26명이다. 나는 1기 졸업식에서 교장 약산이 했던 뜨겁고 애절한 인사말로 우리가 이곳에 온 뜻을 대신했다.

> 입교 시기의 혁명적 정신을 잊지 말고 조국을 위해 크게 투쟁할 뿐만 아니라, (……) 진취적인 정신을 기르고 결사적인 투쟁을 계속하여 우리들의 강토에서 강도 왜노를 몰아냄으로써, 조선의 절대독립과 동삼성의 탈환을 기해야 한다. 이렇게 함으로써 혁명투쟁을 위해 헤어진 동지들이 최후에는 반드시 목적을 달성하고, 기쁜 얼굴로 서로 만나기를 기대한다.

화화人華처럼 살아서 곱고

난징에는 다행히 조선혁명군사정치간부학교 흔적이 남아 있다. 3기 훈련 장소인 천녕사天寧寺가 방치되고 쇠락했을망정 건재하다. 2015년 베이징 한국국제학교 제자들과의 첫 답사 실패 이후 나는 이곳을 네 차례 더 찾았다. 독립운동사 답사 코스를 개발하자는 제안으로, 또 내 개인적으로 답사팀을 꾸려 이곳을 찾아갔다. 한성여고 제자들과는 다큐멘터리 제작 차 이곳을 촬영하기도 했다.

그런데 이곳을 누구보다도 간절히 가보고 싶어 했던 분은 옥비 여사다. 이전 상하이·난징 답사 때 여러 사정으로 이곳을 답사하지 못했단다. 코로나 팬데믹 직전 상하이·난징 답사는 온전히 옥비 여사를 위해 기획된 것이었다. 천녕사에서도 옥비 여사는 깊은 감회에 사로잡힌 듯했다. 아버지가 훈련받은 장소는 아니지만, 흔적조차 없던 1기 훈련 장소와 달리 눈으로 살피고 손으로 쓸어 볼 수 있는 건물이 그래도 남아 있었기 때문일까.

나는 이곳에서 간부학교의 하루를 간략하게 설명했다. 당시 교육과정은 오전 6시에 일과를 시작해 밤 9시 취침 때까지 빡빡하게 채워져 있었다. 오전에는 학과 교육, 오후에는 실습 교육, 그리고 저녁에는 중국어 교육을 받았다. 4년간의 간부훈련을 반년에 끝내야 했기 때문이다.

육사의 시 중에는 조선혁명군사정치간부학교에서의 훈련 경험이 반영된 듯한 작품이 있다. 「광인의 태양」이다. 간부학교 교과목에는 사회학이나 정치학 이외에 사격교범, 폭탄제조법, 기관총조법, 실탄사격 등의 군사과목과 실습 과목이 있었다. 시에 등장하는 '라이플선', '연초', '요충지대' 등의 단어는 군사훈련 경험이 없다면 활용하기 어려운 시어로 보인다.

● 조선혁명군사정치간부학교 3기 훈련 장소인 천녕사다.

분명 라이플선을 튕겨서 올라
그냥 화화火華처럼 살아서 곱고

오랜 나달 연초煙硝에 끄슬린
얼굴을 가리면 슬픈 공작선孔雀扇

거치른 해협마다 흘긴 눈초리
항상 요충지대를 노려가다

'라이플선을 튕겨서' 오른 '火華화화' 즉 총알은 육사가 나아갔던 항일 투
사로서의 삶을 비유한 것이리라. 일말의 주저 없이 표적을 향해 날아가는

총탄 같은 일생, 흘긴 눈초리의 감시가 삼엄한 요충지대를 항상 노려가는 비장한 생애, 목숨을 건 훈련을 통해 단 한 번의 임무로 산화하는 불꽃 같은 삶, 그러나 보통 사람으로선 도무지 이해할 수 없는, 그리고 파국을 알면서도 선택을 피하지 않는 고독한 광인狂人의 삶! 박현수 교수의 평가처럼 육사는 시대의 광인임이 분명하다. 그러나 태양처럼 찬란한 광인이다.

이 작품의 발표 시기인 1940년 4월 또한 주목된다. 1937년 중일전쟁 발발로 조선 전체가 병참기지화되고, 조선총독부의 내선일체 정책에 따라 우리 민족의 정체성과 생존은 극한으로 몰린다. 그리고 대다수 지식인과 문인은 친일의 길로 내닫고 있었다. 그 절망과 반역의 시절에 육사는 목숨을 걸고 군사훈련을 받던 8년 전 경험을 소환했다. 자신이 가야 할 길을 확인하고 마음을 다잡기 위해서였으리라.

앞서 독립이라는 최후 목적을 달성한 후 기쁜 얼굴로 서로 만나자던 약산의 인사말을 소개했다. 그러나 조선혁명군사정치간부학교 교장 약산 김원봉, 교관 석정 윤세주, 훈련생 육사 이원록은 해방된 조국에서 만나지 못했다. 약산은 해방 후 분단된 조국의 북쪽에서 의문의 죽임을 당했고, 석정은 태항산에서 장렬하게 산화했으며, 육사는 베이징 일본 총영사관 지하 감옥에서 고문사했기 때문이다.

그런 숙명을 예감했던 것일까? 육사는 부인에게 어린 여자아이 옷 한 벌을 지어 달라고 부탁한 적이 있었단다. 딸을 위한 것이 아니었다. 옷 주인은 밀양에 살고 있던 약산 김원봉의 막내 여동생 김학봉이었다. 조국 해방과 새로운 나라 건설이라는 최종 목표에 이르는 과정과 방법, 그에 따른 생각은 달랐지만 두 사람은 사제의 인연을 맺지 않았던가. 다시 만나지 못할 스승에 대한 예를 육사는 그렇게라도 갖추려 했던 것일까.

고결한 사람들이 사는 보석 같은 나라

육사의 난징을 생각할 때마다 나는 펄 벅과 『대지』를 떠올린다. 펄 벅이 훗날 자신에게 노벨문학상을 안겨준 『대지』를 발표한 해가 1931년이고, 1934년 미국으로 건너가기 전까지 그녀가 생활한 곳이 난징과 인근의 전장鎭江이기 때문이다. 육사가 조선혁명군사정치간부학교 1기생으로 난징에서 훈련을 받은 해가 1932년이니 두 사람은 같은 시기 난징에 '함께' 있었다.

만나지도 않은 두 사람을 한 도시를 매개로 떠올린 건 아무래도 억지다. 제멋대로인 나의 연상은 육사의 글에서 촉발되었을 것이다. 육사는 「예술형식의 변천과 영화의 집단성」에서 영화 「대지」를 언급했다. 펄 벅의 『대지』는 1937년 영화로 제작되었고 육사의 윗글은 1939년에 발표됐다. 육사가 펄 벅의 작품을 비평하기 위해 그녀의 글을 두루 살폈을 때 펄 벅이 조선을 '고결한 사람들이 사는 보석 같은 나라'라고 쓴 것을 읽었을까?

육사는 읽지 못했지만 우리는 꼭 기억해야 할 펄 벅의 소설이 있다. 3대를 이어 독립운동을 한 조선인의 이야기 『The Living Reed』다. 그녀가 1963년 이 소설을 출간한 데는 난징과 전장에서의 경험이 한몫했을 것이다. 1937년 펄 벅은 신문에 기고한 글에서 "한국인은 마땅히 자치해야 한다."라고 주장했다. 이때 대한민국임시정부는 난징과 전장을 중심으로 활동하고 있었다.

인연은 중국에서 미국으로 이어진다. 펄 벅은 자신의 책을 출판해 온 'The John Day Company' 출판사의 사장 리처드 월시Richard Walse와 재혼한 후 미국에 정착한다. 그런데 이 출판사에서 출간한 책 중에 『Song of Ariran』이 있다. 푸커우역에서 잠시 이야기했던, 불꽃 같은 삶을 산 조선

인 혁명가 김산의 일생을 다룬 님 웨일즈와 김산의 공저다.

난징에서 항일투쟁과 직접 관련된 곳은 아니지만 꼭 답사해야 할 곳이 있다. 정말 가기 싫지만 반드시 가야 하는 곳, 이제항위안소구지진열관利清巷慰安所舊址陳列館이다. 내가 난징 답사 때마다 숙소로 애용하는 100년 역사의 중앙반점中央飯店에서 지척이다. 중앙반점은 1933년 5월 백범이 장제스와 담판하기 위해 난징에 왔을 때 묵었던 호텔이다.

난징 이제항위안소 건물군은 오래 잊혔고 그래서 방치되었다. 그러다 이곳에서 '위안부'로 고통받았던 박영심 할머니의 증언으로 2015년 일본군의 반인륜적 범죄와 만행을 증언하는 공간으로 재탄생했다. 진열관 마당에는 '위안부' 시절 임신한 박영심 할머니를 청동상으로 제작한 조형물이 전시돼 있어 우리 마음을 더욱 무겁게 한다.

이곳에서 답사 일행의 발길이 가장 오래 머무는 곳은 마지막 전시 공간이다. 'ENDLESS FLOW OF TEARS'라는 제목의 '위안부' 할머니 청동 흉상 앞이다. 벽에 걸린 '위안부' 할머니는 끊임없이 눈물을 흘린다. 흉상 아래로는 깨끗한 수건이 마련돼 있다. 관람객이 직접 할머니의 피눈물을 닦아 주라는 의도이리라.

임시정부 다큐멘터리 촬영 때 전혀 예상치 못했던 제자들의 오열이 가장 기억에 남지만, 옥비 여사가 오래오래 정성껏 할머니의 눈물을 닦던 장면도 잊히지 않는다. 자신이 1941년생이라 이런 험한 꼴을 당하진 않았지만 그래도 '위안부' 문제에 대해 너무 무심하고 무지했노라고 고백하면서 육사의 딸은 그렇게 하염없이 할머니의 눈물을 닦았다.

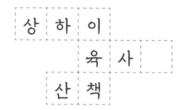

상 하 이
육 사
산 책

밀명을 받고 프랑스조계에 도착하다

1933년 5월 난징에서 상하이로 온 육사는 7월 중순에 조선으로 잠입한다. 육사의 수필 「연인기」에는 1933년 9월 10일 상하이에서 최후의 만찬을 했다고 기록했지만, 여러 정황을 고려할 때 7월에 귀국한 것이 그때 상황에 맞다. 그럼 상하이에 두 달여 머무는 동안 육사는 무엇을 했을까? 우리는 상하이에서 육사의 당시 자취를 찾을 수 있을까?

　우선 육사가 상하이에 도착한 시기에 주목해야 한다. 1933년 5월이면, 윤봉길 의사의 홍구공원 의거가 일어난 지 1년이 지난 때다. 윤 의사 의거 직후 대한민국임시정부 주요 요인은 상하이 남쪽 자싱嘉興으로 피란했다. 이회영 선생이 지도하던 남화한인연맹 또한 1932년 11월 선생이 체포됨에 따라 침체기에 있었다.

그러니까 육사가 상하이에 도착한 시점은 항일의 최전선이던 상하이가 일제에 장악된 때였다. 제1차 상하이사변에서 일본군이 중국군을 패퇴시켰기 때문이다. 상하이 공동조계에서 일제 세력은 그 어느 때보다 강력한 영향력을 행사하고 있었다.

이런 상황이었기에 육사를 비롯한 조선혁명군사정치간부학교 1기 졸업생들은 조심스럽게 움직일 수밖에 없었으리라. 당시의 아슬아슬한 정황이 희미하게 감지되는 곳이 육사가 여장을 푼 여관 자리다. 육사는 훗날 금릉여관金陵旅館에 묵었다고 진술했는데 이 여관은 조선 혁명가에게 상대적으로 안전했던 프랑스조계 내에 있었다.

상하이에서 육사의 자취를 추적하기 전 조계에 대해 간단히 살피자. 조계는 한 나라가 타국에 일시적으로 빌려준 영토의 일부다. 하지만 역사적으로는 제국주의 국가들이 피식민 국가의 영토 일부를 강제로 점유한 경우가 대부분이다. 상하이에는 19세기 중반부터 영국을 비롯한 제국주의 국가의 조계가 설치되었다. 그러다 대한민국임시정부가 수립된 1910년대에는 영국·미국·일본 등이 공동 관리하는 공동조계와 프랑스조계로 양분되었다.

상하이 황푸강 서안西岸인 'Bund'에 위치한 두 조계는 당시 애다아로愛多亞路, 지금의 연안동로延安東路를 경계로 남북으로 나뉜다. 대한민국임시정부가 위치한 곳은 남쪽의 프랑스조계고, 의열단원 김익상, 이종암, 오성륜이 다나카 기이치를 처단하려던 황포탄의거가 일어난 곳은 공동조계다. 윤봉길 의사가 투탄해 일본 제국주의를 심판한 홍구공원은 공동조계 경계를 벗어난 북쪽에 위치한다.

나는 금릉여관의 현재 위치를 찾기 위해 오래 고심했으나 성과가 없었다. 옥비 여사를 모시고 가는 답사 전까지는 위치를 확인하고 싶었지만

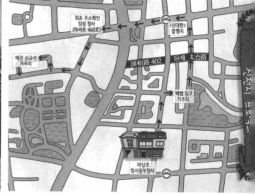

● 포백로浦栢路, 지금의 태창로太倉路를 상하이 항일답사 그림 지도에 표시해 보았다.

그러질 못했다. 그런데 답사를 다녀온 후 육사의 자료를 읽다가 우연히
이곳 주소를 확인할 수 있었다. 몇 번이고 보았던 자료인데, 이전에는 의
미를 부여하지 않았던 공간이라 눈에 띄지 않은 것이다. 1934년 6월 17일
「이활 신문조서」에 관련 내용이 보인다.

문: 피의자가 귀선할 때에 동반자 및 귀선 경로는 어떤가.
답: 나는 (……) 밀명을 받고, 五월 一五일 南京을 출발하여 上海에 도착
하여 프랑스조계 浦栢路 四〇二 金陵여관에 도착

그런데 이 주소를 확인해 보곤 나는 허망했다. 상하이 마당로馬當路 대한
민국임시정부와 가까운 이곳은 내가 답사 때마다 일행과 함께 다녔던 곳
이었기 때문이다. 이곳을 주목하지 못했으니 자료 사진도 찍어 두지 못했
다. 나는 당시 포백로浦栢路, 지금의 태창로太倉路 골목 사진 한 장을 찍으러
상하이를 가야 하나 고민했다. 코로나 팬데믹 중이라 심란함은 더 했다.

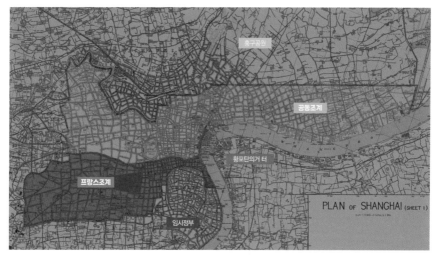

● 20세기 초중반 상하이 조계

그때 놀라운 일이 일어났다. 옥비 여사를 모시고 함께 답사했던 동행한 분이 태창로 골목 사진을 보내온 것이다. 깜짝 놀라 연락을 했더니 웨이하이 한국국제학교에 근무하던 선생님이 여름방학을 맞아 상하이에 여행 차 왔다가 사진을 보내온 것이다. 그런데 더 감사한 일은 그다음이었다. 당신이 찍은 사진은 질이 떨어지니 다음날 전문 사진가를 섭외해 다시 사신을 찍어 보내겠다는 것이었다. 죄송한 마음에 만류하려 했지만 꼭 필요한 사진이었기에 호의를 감사하게 받았다.

육사의 상하이 체류와 관련해 주목되는 증언이 하나 더 있다. 육사와 조선혁명군사정치간부학교 1기 동기인 윤익균의 증언에 따르면 상하이 프랑스조계 김신부로에 군사훈련 '아지트'를 담당한 인물이 살았다고 한다. 윤익균은 이 사람에게 2기 훈련생 2명을 모집했다고 보고했다는 것이다. 김신부로는 1919년 4월 11일 상하이 대한민국임시정부가 탄생한 곳이다. 그러니까 윤봉길 의거 직후 임정 요인은 상하이를 떠났지만 약산 김원봉 계열의 독립운동가들은 이곳에서 은밀하고 치밀하게 항일투쟁을 이어 나가고 있었던 것이다.

그는 매우 익숙하고 친절한 친구였다

금릉여관과 달리 육사가 상하이에 남긴 뚜렷한 족적도 있다. 만국빈의사다. 육사는 진보적인 중국학자 양싱포楊杏佛의 장례식장에 갔다가 우연히 루쉰을 만난다. 1933년 6월 20일 오후의 일이다. 이때를 기록한 내용이 「루쉰 추도문」에 보인다.

> 내가 탄 자동차는 만국빈의사萬國殯儀社 앞에 닿았다. (……) 관을 붙들고 통곡을 하던 그를 나는 문득 루쉰인 것을 알았으며 (……) 그때 루쉰은 R씨로부터 내가 조선 청년이란 것과 늘 한번 대면의 기회를 가지려고 했더란 말을 듣고 외국의 선배 앞이며 처소가 처소인 만치 다만 근신하고 공손할 뿐인 나의 손을 다시 한번 잡아줄 때는 그는 매우 익숙하고 친절한 친구였다.

그런데 위에 인용한 「루쉰 추도문」 바로 뒤에 이런 문장이 이어진다. "아! 그가 벌써 56세를 일기로 상하이 스가오타 9호에서 영서永逝하였다는 부보訃報를 받을 때에 암연暗然 한줄기 눈물을 지우느니 어찌 조선의 한 사람 후배로서 이 붓을 잡는 나뿐이랴." 1933년 육사가 루쉰을 만난 이곳은, 3년 후 루쉰의 장례식이 거행된 곳이기도 하다.

옥비 여사를 모시고 만국빈의사를 찾았을 때 나는 특별한 동선을 짰다.

● 만국빈의사 터

상하이 시기 임정의 마지막 청사인 마당로 청사를 시작으로 백범의 거처
가 있던 영경방을 거쳐, 백범과 윤봉길 의사가 마지막으로 식사를 한 김
해산의 집과 상하이에 임시정부가 설 수 있게 기초를 마련한 신규식 선생
거처도 둘러보았다. 그리고 '대한민국'이 탄생한 김신부로를 거쳐 만국빈
의사 터로 향했다.

　육사가 난징을 떠나 상하이에 도착했을 때 여장을 푼 곳이 임정 청사
인근이라고 했다. 육사는 마지막 임정 청사 위치를 알고 있었을 것이다.
그리고 독립운동의 선배를 떠올리며 그 인근을 배회하지 않았을까, 답사
일행이 걷게 될 그 거리를 육사도 걷지 않았을까 상상하며 루트를 짠 것
이다.

　그날은 추적추적 겨울비가 내렸다. 나는 무선 시스템을 이용해 상하이

뒷골목에 남은 우리 독립운동사의 때론 쓸쓸하고 애달픈, 그러나 내내 자랑스러운 이야기를 들려주었다. 잠깐 다리쉼을 하는 중 옥비 여사의 말씀이 우리 일행 전체를 울먹이게 하고 감동받게 했다. "마치 아버지 영혼이 지금 내리는 비로 우리를 찾아온 것 같아요."

만국빈의사는 중국 최초의 장례식장으로 1924년에 영업을 시작했다. 본점은 미국 뉴욕에 있었는데 상하이 서북쪽의 서양식 주택 하나를 임대해 중국에서 영업을 시작했다고 한다. 처음에는 서양인 장례를 전문으로 했던 이곳은 루쉰을 비롯한 여러 명사의 장례를 치르면서 유명해진다. 원 건물은 영국풍의 벽돌과 나무 구조의 3층짜리 집이었지만 지금은 7층짜리 빌딩이 들어서 있다.

앞서 베이징 이야기를 할 때 나는 육사가 베이징대학의 마위짜오馬裕藻 교수의 수업을 듣고 교분을 맺었을 가능성을 언급했다. 마위짜오 교수가 루쉰과 매우 가까운 사이였으니 육사가 당시에 그를 매개로 직접적 혹은 간접적으로라도 루쉰과 교류하지 않았을까 추정했다.

특히 「루쉰 추도문」의 이런 구절, "나의 손을 다시 한번 잡아줄 때는 그는 매우 익숙하고 친절한 친구였다."에 주목하면 이런 추정을 사실로 믿고 싶어진다. 이는 단순히 당대 명사를 만난 청년 육사의 감격만으로 읽히지 않기 때문이다.

하지만 조선인으로 추정되는 R이 육사를 루쉰에게 '조선 청년'이라고 소개하고 꼭 한번은 뵙기를 원했다고 전언한 것을 보면 루쉰이 육사를 개인적으로 알고 있었을 가능성은 낮다. 다만 루쉰은 중국에 조국 독립을 위해 분투하는 조선 청년이 많고, 그들의 반제국주의 투쟁에 뜻을 같이한다는 뜻에서 조선 청년을 '친구'로, 동지로 인식했을 가능성은 충분하다.

당시 루쉰은 어떤 상황이었기에 무명의 조선 청년에게까지 동지애 혹은 연대감을 발견하고 싶었을까? 일본 유학에서 돌아온 후 문예와 교육을 통해 중국 민중을 일깨우려던 그는 실패와 좌절을 겪고 베이징, 샤먼, 광저우 등지를 떠돌았다. 이때 루쉰은 중국 현대사의 비극 중 하나인 제1차 국공합작 결렬과 상하이 참변, 광저우 혁명의 좌절과 비극을 연달아 목도한다.

상하이에 정착한 1927년, 루쉰은 외부의 적인 파쇼 세력뿐만 아니라 내부의 적이라고 할 진보적 청년 문인들과도 대결했다. 이는 단지 예술과 문학에 대한 이견 수준이 아니었다. 양싱포의 장례식에 갈 때 루쉰은 집 열쇠를 챙기지 않았다고 한다. 집에 돌아오지 못할 수도 있다고 생각한 것이다. 그런 각오의 길에서 식민지 조선 청년 육사와 만난 것이다.

빼앗긴 나라를 되찾기 위한 희망을 타국에서 만들어 가는 조선 청년, 항일의 최전선에 선 육사를 루쉰은 사무치게 바라보지 않았을까. 나라가 망하지 않았는데도 내부의 분열로 목숨까지 위협받던 자신의 위태로움을 조선 청년 육사를 통해 보지 않았을까.

루쉰은 "민국 이전엔 노예였고, 민국 이후엔 노예의 노예가 되었다."고 탄식했다. 과거 봉건국가의 노예적 신분보다 외세를 등에 업은 반민족 세력에게 위협을 받는 작금의 현실을 더 통탄했던 루쉰이다. 조국에서 같은 민족과 적대하는 자신의 처지가 타국에서 조국 독립을 위해 애쓰는 조선 청년의 처지와 별반 다르지 않다고 루쉰은 느꼈을지 모른다.

현재 우리가 루쉰을 만나자면 홍구공원에 가야 한다. 그곳은 현재 노신공원으로 이름이 바뀌었고, 루쉰의 묘와 기념관이 있기 때문이다. 루쉰은 1936년 10월 19일에 사망했고 '民族魂민족혼'이라고 쓰인 천으로 덮여 만국빈의사에 안치되었다. 10월 22일에 장례식이 열렸고, 예관 신규식과 백암 박은식 선생이 묻혀 있던 만국공묘萬國公墓, 현재의 송경령능원에 안장된

● 노신공원 내 노신기념관 앞의 루쉰 동상으로 중국의 대표적 현대 조각가 우웨이산吳爲山 작품이다.

다. 그러다 1956년 루쉰의 유해가 홍구공원으로 이장되면서 공원 이름도 노신공원으로 바뀌었다.

노신공원의 노신기념관에는 그의 책과 작품이 수록된 잡지, 그리고 세계 각지에서 번역 출간된 루쉰의 소설이 전시돼 있다. 내가 가장 주목한 건 「광인일기」가 최초 수록된 『新靑年신청년』과 김학철 선생이 우리말로 번역한 「아Q정전」이다.

육사는 루쉰의 죽음을 추도하면서 그의 문학과 사상에 대해 매우 정교하고 치밀한 분석을 시도한다. 「루쉰 추도문」을 5회에 걸쳐 신문에 연재한 것이다. 그런데 육사는 루쉰의 소설을 딱 한 편 번역했다. 루쉰의 문학 세계를 포괄적으로 평가하는 평론을 썼으면서 그의 소설은 한 편만 번역했다는 사실이 나는 무척 의아했다.

● 현재와 1930년대 상하이 번드Bund의 모습이다.

그리고 육사가 선택한 작품이 「고향」이라는 점도 쉽게 이해되지 않았다. 단 한 편만을 소개해야 한다면 「아Q정전」 등 루쉰의 대표작을 번역하는 게 자연스럽지 않은가. 「고향」은 루쉰의 전기적 체험이 담긴 작품으로 반식민지로 전락한 중국, 그로 인한 전통 가문의 몰락과 고향의 피폐함, 과거 낭만적 동경의 대상이던 공간과 인간관계의 파괴, 그 회복의 불가능성 등을 담담하게 그린 작품이다.

이는 조선 성리학의 성지라고 할 고향 안동을 떠난 이후 육사의 삶과 유사한 측면이 있나. 망국으로 인해 육사는 공간적 고향뿐만 아니라 정신적 고향 또한 상실한 것으로 느꼈을 것이다. 하지만 루쉰의 작품 중 단 한 작품을 고를 때, 개인사와의 공통점을 선택 기준으로 삼는다는 건 육사답지 않다. 적어도 내 판단은 그렇다.

나는 육사의 선택을 이렇게 해석한다. 육사는 「고향」의 다음 구절을 합법적인 방식으로 동포에게 전해 주고 싶었던 건 아닐까? 망국의 고통을 당하는 동포에게 육사는 조국 해방의 희망이란 결국 우리 스스로 만들어가는 것임을 힘주어 말하고 싶었으리라.

> 생각하면 희망이라는 것은 대체 '있다'고도 말할 수 없고 또는 '없다'
> 고도 말할 수 없는 것이다. 그것은 마치 지상에 길과 같은 것이다. 길
> 은 본래부터 지상에 있는 것은 아니다. 왕래하는 사람이 많아지면 그
> 때 길은 스스로 나게 되는 것이다.

쫓기는 마음, 지친 몸

육사가 난징에서 상하이로 온 이유는 무엇인가. 조선으로 들어가기 위해
서다. 육사는 상하이를 출발해 압록강 인근의 국경도시 단둥까지 갔다.
그리고 신의주를 거쳐 경성으로 들어왔다. 육사는 신문조서에 당시 정황
을 이렇게 밝혔다. "선편으로 安東縣^{안동현}으로 건너와 곧장 新義州^{신의주}를
거쳐 京城^{경성}으로 왔었다." 그럼 육사는 상하이의 어디에서 배를 탔을까?
  이와 관련해 검토할 사건이 있다. 1922년 의열단의 황포탄의거다. 육사
는 「이활 신문조서」에서 '혁명의 경과보고'가 어떤 것이냐는 질문에, 그것
은 '조선민족의 투쟁'이라고 말하고 김익상 의사의 왜성대 총독 관저 폭
탄 투척 사건, 광주학생사건, 다나카 대장 저격 사건 등을 예로 든다. '다나
카 대장 저격 사건'이 황포탄의거다.
  그러니까 육사는 조선으로 잠입하기 위해 상하이 황푸강 인근에 왔을
때 10여 년 전 의열단의 다나카 기이치 처단 사건을 떠올렸을 것이다. 육
사는 다나카가 하선한 부두에서 배를 타진 않았을 것이다. 왜냐하면 그곳
은 일본의 관리하에 있던 공동조계 지역이기 때문이다.
  다나카 기이치 저격에 실패한 의열단원 김익상과 오성륜은 지금의 연

안동로 방면으로 도주한다. 이 도로가 공동조계와 프랑스조계의 경계였기 때문이다. 하지만 두 사람은 프랑스조계로 넘어가지 못하고 체포된다.

이런 사실을 모르지 않았을 육사가 위험을 무릅쓰고 공동조계에서 배를 탔을 것 같지 않다. 나는 이 문제에 대해 오래 골몰했다. 그러다 다큐멘터리 촬영 차 상하이에 갔을 때 만난 쑨커즈^{孫科志} 교수에게 확인할 기회를 얻었다. 그는 대한민국임시정부 역사를 전공한 중국인 학자다. 그 또한 정확한 위치를 특정하진 못했다. 하지만 육사를 비롯한 조선 독립운동가들이 적어도 공동조계 부두에서 배를 타진 않았으리라 확신했다.

꼭 이 시기로 특정할 순 없으나 군사훈련을 받고 비밀 지령을 받은 조선 청년 육사가 무시로 국경을 드나들 순 없었으리라. 그래서 때로는 밀항을 포함한 비합법적인 월경 방법도 시도했을 것으로 짐작할 수 있다. 그런 경험이 반영된 듯한 시가 보인다. 1937년 12월에 발표한 「노정기」다.

목숨이란 마-치 깨어진 뱃조각
여기저기 흩어져 마을이 한구죽죽한 어촌보다 어설프고
삶의 티끌만 오래 묵은 포범^{布帆}처럼 달아 매였다.

남들은 기뻤다는 짙은 날이었건만
밤마다 내 꿈은 서해를 밀항하는 정크와 같아
소금에 쩔고 조수^{潮水}에 부풀어 올랐다.

항상 흐렷한 밤 암초를 벗어나면 태풍과 싸워가고
전설에 읽어본 산호도^{珊瑚島}는 구경도 못 하는
그곳은 남십자성이 빈저주도 않았다.

쫓기는 마음! 지친 몸이길래

그리운 지평선을 한숨에 기오르면

시궁치는 열대식물처럼 발목을 오여쌌다.

새벽 밀물에 밀려온 거미인 양

다 삭어빠진 소라 깍질에 나는 붙어왔다

머-ㄴ 항구의 노정에 흘러간 생활을 들여다보며

    남들의 '기뻤다는 젊은 날'과 대비되는 시적 화자의 경험은 서해, 밀항, 정크, 암초, 태풍 등이다. 이는 중국에서 식민지 조선으로 들어오는 밀항의 경험을 직접 형상화한 것은 아니지만, 묘사의 구체성을 고려할 때 시인의 경험이 반영된 것으로 추측된다.

    이 시의 내용은 일제강점기 일본 육군성에서 작성한 조선인의 밀항 및 도항 경로에 관한 자료와 일정 정도 일치한다. 조선인 '불령선인'은 주로 평안남도 진남포에서 출항해 중국의 옌타이나 웨이하이로 갔단다. 이곳이 조선과 중국 간 거리가 가장 가까운 곳이기 때문이다. 이후 해로나 육로를 통해 상하이로 이동하는 것이 밀항의 일반적 루트였다는 것이다. 밀항하는 사람들이 서해를 건널 때 주로 이용한 수단이 「노정기」에 등장하는 중국의 전통 목선 '정크'다.

평생에
잊지
못할
하루

S와 SS

1933년 4월 20일 조선혁명군사정치간부학교를 졸업한 육사는 그달 하순 난징 시내로 이동해 호가화원 인근 박문희의 집에 머문다. 그는 약산의 아내 박차정 여사의 오빠다. 육사는 이곳에 한 달 정도 머무는 동안 부자 묘大子廟 등지를 거닐며 서점과 골동품 가게를 구경한다.

이곳은 현재 난징의 대표적인 관광지로 개발돼 늘 많은 인파가 몰린다. 정작 부자묘는 찾기 어려울 만큼 기념품 가게와 음식점이 즐비하다. 이곳 초입에는 회청교가 있어 종종 한국인들이 찾곤 한다. 백범과 약산이 만나 독립운동의 방략을 논의했다는 곳이 회청교 인근이다.

육사는 이때의 추억을 「연인기戀印記」라는 제목으로 발표한다. 이 글에 서 육사는 난징에서 구입한 비취 인장을 소중히 간직하다 S에게 주어 '내 평생에 잊지 못할 하루'를 기념했다고 썼다. 육사가 '목숨 이외에 사랑하는 물품'을 기꺼이 준 S는 누굴까?

> 봄비 잘 오기로 유명한 남경의 여관살이란 쓸쓸하기 짝이 없는 것이라. 나는 도서관을 가지 않으면 고책사古冊肆나 고동점에 드나드는 것으로 일을 삼았다. 그래서 그곳에서 얻은 것이 비취 인장印章 한 개였다. (……) 그 중 S에게는 나로부터 무엇이나 기념품을 주고 와야 할 처지였다. (……) 꼭 목숨 이외에 사랑하는 물품이라야만 예의에 어그러지지 않을 경우이라, 나는 하는 수 없이 그 귀여운 비취인 한 면에다 '증贈 S · 1933·9·10 · 육사陸史'라고 새겨서 내 평생에 잊지 못할 하루를 기념하고 이 땅에 돌아왔다.

S는 석정 윤세주로 추정된다. 그는 앞서 소개한 대로 약산과 함께 민족혁명당, 조선의용대를 이끌다가 태항산에서 산화한 우리 독립운동사의 또 하나의 별이다. 육사에게 난징 군관학교 입교를 설득한 이도, 약산 김원봉에게 육사를 교관으로 추천한 이도, 조선혁명군사정치간부학교 1기 교관으로 육사와 함께한 이도, 상하이에서 여비가 부족해 조선으로 들어가지 못하던 육사가 마지막 부탁을 한 이도 윤세주다.

식민지 청년으로서 혁명가의 길을 가는 두 사람이 언제 다시 만날 수 있을지 모를 때, 그 도장 보기를 나 보는 것처럼 하라는 곡진한 뜻이 들어 있었으리라. 인장을 선물로 준 건 육사의 어린 시절 추억도 한몫했을 것이다. 집안의 인장 재료를 형제들이 탐낼 때마다 육사의 할아버지는 "장래에 어느 놈이건 글 잘하고 서화 잘하는 놈에게 준다."고 하셨단다. 그래서 놀고 싶은 것을 꾹 참고 공부를 했노라고 육사는 회고한 적이 있다.

● 난징 부자묘

육사가 자신의 작품에 남긴 또 하나의 이니셜이 있다. 시 「교목」의 SS
다. 「연인기」의 '贈 S · 1933·9·10 · 陸史'의 S는 윤세주임이 거의 확실하지
만, 'SS'에 대해선 의견이 분분하다. 나는 SS도 '석정 (윤)세주'라고 생각한
다. 아니 그렇게 믿고 싶다.

　　푸른 하늘에 닿을 듯이
　　세월에 불타고 우뚝 남아서서
　　차라리 봄도 꽃피진 말어라.

　　낡은 거미집 휘두르고
　　끝없는 꿈길에 혼자 설레이는

● 만국빈의사 가는 길인 교주로, 가로수 플라타너스가 나무 터널을 만들었다.

마음은 아예 뉘우침 아니리

검은 그림자 쓸쓸하면
마침내 호수 속 깊이 거꾸러져
차마 바람도 흔들진 못해라.

　내가 억지에 가까운 상상을 한 곳은 상하이 만국빈의사를 찾아가던 골목길이었다. 교주로胶州路는 상하이에서 오래된 도로명 중의 하나다. 상하이의 길 이름은 서양 제국주의 세력과 중국 내 통치 세력의 부침 과정에서 자주 바뀌었다. 특히 1943년 왕징웨이 괴뢰정부가 상하이를 장악했을 때 대부분의 도로 이름을 교체했는데 교주로는 그대로 남겨 두었단다.

이곳 가로수는 오랜 수령이고 그래서 장하다. 중국에서는 프랑스 오동 나무라 불리는 플라타너스가 여름이면 짙은 녹음을 자랑한다. 1933년 6월에 이곳을 방문한 육사는 이 푸르고 거대한 가로수를 보았으리라. 그리고 그는 장례식장에서 뜻하지 않게 중국의 '교목' 루쉰을 만났다. 그리고 한 달 후 육사는 '교목'처럼 당당하던 벗이자 동지 윤세주에게 비취 인장을 선물로 주고 상하이에서 헤어졌다.

작품 말미의 'SS에게'는 육사가 특정인을 고려해 이 작품을 창작했음을 암시한다. 「교목」의 창작 시기를 고려할 때 SS는 '석초 신응식'일 가능성이 있다. 하지만 당시 육사는 늘상 석초를 만나고 있었다. 「교목」 발표 반년 전에는 석초를 대구로 초청해 함께 경주를 여행했고, 「교목」 발표 3개월 후인 1940년 10월에는 석초의 초대로 부여를 함께 여행했다. 그리고 석초는 육사가 굳이 이니셜로 숨겨야 할 인물이 아니다.

1937년 7월 7일, 노구교蘆溝橋사건으로 중일전쟁이 발발하자 중국 내 우리 항일 투사들도 새로운 국면을 맞는다. 당시 중화민국의 수도이자 조선 독립운동가들의 근거지였던 난징이 일본군에 함락되자 중국국민당 정부는 장강을 따라 서쪽으로 후퇴해 결국 충칭을 임시수도로 삼는다.

당시 우리 독립운동의 좌우를 대표하던 약산 김원봉의 민족혁명당과 백범 김구의 임시정부도 이와 비슷한 루트로 후퇴한다. 그런데 중국국민당 정부는 난징과 충칭의 중간에 위치한 우한武漢, 당시 '동방의 마드리드'라고 불리던 이곳에서 결사 항전을 결정한다. 이곳이 함락되면 충칭 또한 위험해지기 때문이었다. 이런 배경에서 1938년 10월 10일 우한에서 조선 의용대가 창설된다.

신석초는 육사가 중국 작가 중 루쉰 외에 궈모뤄郭沫若에 대해서는 자주 이야기했다고 전하는데 그는 중일전쟁 당시 조선의용대의 활약상을 자

● 태항산 조선의용대 주둔지 중 한 곳인 운두저촌雲頭底村에서 바라본 태항산 전경이다.

서전 격인『홍파곡』에 남겼다. 함락 직전인 우한에서 위험을 무릅쓰고 대적 표어를 쓰는 조선의용대 활약을 생생하게 기록한 것이다.

> 그들은 네댓씩 한 조가 되어 콜타르나 페인트를 들고 사닥다리를 메고 다니면서 부지런히 시간을 다그치며 일하고 있었다. 그것은 나에게 가장 큰 감격을 주었고 또 나를 가장 부끄럽게 한 광경이었다는 것을 나는 인정해야겠다. 그들은 모두가 조선의용대의 친구들이고 중국 사람은 한 사람도 없었다. (……) 우한이 위험을 앞둔 이 시각 대적 표어를 쓰고 있는 것은 조선의 벗들뿐이었다.

하지만 우한은 결국 일본군에 함락되고 조선의용대 대원들도 각자의 전장으로 흩어진다. 그러다 중국국민당의 항일 의지가 약화되고, 중국국민당과 중국공산당의 합작이 실질적으로 결렬되며, 충칭 대한민국임시정부 산하 한국광복군이 창설되는 등의 여러 이유로 조선의용대는 태항산으로 북상한다. 이곳은 중국공산당 군대가 일본군과 대규모 교전을 하며 대치하던 항일의 최전선이었기 때문이다.

그렇게 조선의용대 선발대가 태항산에 도착한 때는 1941년 6월이다. 조선의용대 북상 소식은 매우 예외적이지만 외부에 알려졌다. 태항산에 가장 먼저 도착한 김학철 선생은 중국국민당 군대 장교로 활동하던 조선인 동지를 통해 당시 경성에 있던 여동생과 편지를 주고받았다고 쓴 적이 있다. 그때 반식민지로 전락한 중국의 우편 행정은 프랑스가 독점했는데, 일제의 영향력이 여기까지는 미치지 못했기 때문이다.

중국에서 군사훈련을 받고 중국 정세에 정통한 육사가 중일전쟁 이후 조선인 무장 대오의 소식에 민감하시 않았을 리 없다. 거기에는 평생 잊지 못할 석별의 하루를 보낸 석정이 있지 않은가. 그래서 나는 당시 육사가 석정의 안녕을 기원하며 「교목」을 쓰지 않았을까 상상해 보는 것이다. 보낼 수 없는 엽서를 띄우듯 「교목」을 발표하지 않았을까. 나의 이런 상상은 「교목」을 발표한 후 반년이 지나 발표된 「연인기」에 의해서도 뒷받침된다.

지금 S가 어디 있는지 십 년이 가깝도록 소식조차 없건마는, 그래도 S는 그 나의 귀여운 인을 제 몸에 간직하고 천대산天臺山 한 모퉁이를 돌아 많은 사람들 틈에 끼어서 강으로, 강으로 흘러가고만 있는 것 같이 생각된다. 나는 오늘밤도 이불 속에서 모시 칠월장이나 한 편 외워 보리라. 나의 비취인과 S의 무양無恙을 빌면서 나는 이 글을 그저 무심히 읽었더랬다. 그런데 조선의용대 관련 다큐멘터리 촬영을 위해 석정과 조선의용대의 북상 과정을 자세히 고증하면서 몇몇 단어가 눈에 띄었다. '천대산', '많은 사람들 틈', '강으로, 강으로' 등의 표현이 조선의용대의 북상을 요약하는 것으로 읽힌 것이다.

'천대산'은 우리나라에도 여럿 있지만 중국에는 더 많다. 그런데 석정을 비롯한 조선의용대가 북상해 주둔한 태항산 인근의 가장 크고 유서 깊은 도시 한단 바로 옆에 천대산이 있다. "많은 사람들 틈에 끼어서 강으로 강으로" 흘러갔다는 표현은 조선의용대 북상에서 가장 중요했던 장강 도하를 연상시킨다.

2011년 광복절 기념으로 제작된 드라마 「절정」은 육사의 일대기를 그리고 있다. 이 드라마에서 육사가 태항산으로 윤세주를 찾아가 일본군과 교전하는 장면이 나온다. 이때 윤세주가 총에 맞아 사망하는 것으로 내용이 전개되는데 이는 역사적 사실이 아니다. 그럼 태항산 북상 이후 석정과 조선의용대는 어떻게 되었을까? 간단하게만 살핀다.

1942년에는 조선독립동맹이 결성되고 조선의용'대'도 공식적인 군대라는 뜻의 조선의용'군'으로 확대 개편된다. 그러던 중 1942년 5월 일본군은 팔로군 전선 지휘부에 대한 대대적인 소탕전을 벌인다. 이때 윤세주는 진광화와 함께 일본군과 교전 중 사망한다.

당시 팔로군 총사령이던 주더朱德는 두 사람의 희생을 '영광과 불멸의 죽음'으로 칭송했고, 팔로군은 조선의용대의 활동을 학교 교재와 전사 교본에 싣기로 결정한다. 1942년 당시 이 결정이 실행됐는지 확인할 수는 없다. 하지만 현재 태항산 조선의용대 유적지와 가까운 도시 한단에서 편찬한 『역사와 문화(历史与文化)』 교과서에는 조선의용대 관련 내용이 포함되어 있다.

● 연화산 아래 조성된 초장지로, 화면 오른쪽이 윤세주, 왼쪽이 진광화 열사 묘소다.

한단시 섭현涉縣 연화산蓮花山 자락에는 윤세주·진광화 두 열사의 초장지初葬地가 있다. 당시 팔로군 사령부는 좌권 장군과 윤세주·진광화 열사를 모실 곳을 신중하게 골랐다고 한다. 배산임수 원칙에 따라 연꽃이 피어나듯 아름답고 장중한 연화산을 뒤로하고 태항산 자락을 따라 흐르는 청장하清漳河가 내려다보이는 언덕은 그렇게 선택된다.

원래 무덤 주위는 허허벌판이었다. 그런데 답사객들이 한 그루씩 심은 나무가 지금은 적잖은 숲을 이루고 있다. 그리고 봄이면 초장지 앞으로 무궁화가 만발한단다. 섭현 현정부에서 초장지 주변에 천여 그루의 무궁화를 심었다는 것이다.

감동적인 이야기는 계속된다. 상룽성尙榮生 관장은 2004년 윤세주 열사의 고향인 밀양 답사팀에 미리 부탁해 밀양의 흙을 받아 윤세주 초장지에

● '조선의용군열사기념관'과 주위에 조성된 무궁화 꽃밭이 눈물겹다.

뿌려 주었다고 한다. 그리고 평양으로 유학 가는 중국 학생에게는 그곳의
흙을 가져다 달라고 부탁해 역시 진광화 초장지에 뿌려 주었단다. '별보
다 한껏 먼 이역' 태항산에서 싸운 조선의용대원에게 그토록 원하던 조국
해방은 곧 귀향이었음을 짐작한 중국 학자의 마음 씀씀이가 감격스러울
따름이다.

한편 죽어서 이곳 태항산 조선의용대 동지 곁에 묻히기를 바란 이도 있
었다. 윤세주와 진광화 열사 무덤 사이에는 나무 한 그루가 서 있는데 여
기에는 진진한 사연이 있다. 해방 후에도 조국으로 돌아가지 못하고 중국
에 살던 관건 선생은 자신이 죽으면 유해를 두 분 곁에 묻어 달라고 유언
했고, 1984년 유해가 이곳에 뿌려졌다. 그때 나무도 함께 심은 것이다. 그
리고 신문 기사로 전해진 이 일은 상룽성 관장이 조선의용대 전문가가 된
계기가 되었다.

두 열사의 초장지 바로 아래엔 조선의용군열사기념관이 자리하고 있
다. 이곳은 2004년 한단시와 섭현 현정부의 지원을 받아 문을 열었다. 개

● 한단 진기로예혁명열사능 내의 윤세주 묘소로, '석정 윤세주 열사' 한글이 이채롭다.

관 때부터 지금까지 관장을 맡고 있는 상룽성 선생은 이 기념관이 중국 정부가 한국의 독립운동사에 많은 관심을 두고 있다는 것을 보여 주는 증거라고 평가했다.

1950년 윤세주·진광화 열사 유해는 한단시 진기로예혁명열사능으로 이장되었다. 우리나라로 치자면 대전 국립현충원에 해당하는 곳이다. 묘비석에는 한자와 함께 '석정 윤세주 열사'라는 한글 일곱 자가 새겨져 있다. 나는 이곳에 갈 때마다 목이 멘다. 중국 대륙 한복판에, 그것도 그들의 국립묘지에서 우리 항일 투사를, 우리글을 마주했다는 감격 때문이다.

최근 석정과 약산의 고향 밀양에 의열기념관이 건립되었다. 이곳은 김원봉의 생가터로 길 하나 건너면 윤세주의 생가다. 의열단 창립 100주년이던 2019년에는 기념관 옆에 의열기념탑도 섰다. 밀양시 시내를 흐르는 해천가에 밀양 출신 독립운동가 명패만을 붙인 것이 늘 아쉬웠는데, 늦었지만 다행스러운 일이다.

육사의 정치평론

육사의 글 중에서 잘 알려지지 않은 장르가 평문이다. 대구에서 세 번의 옥고를 치른 직후 대구와 관련된 평론 성격의 기사를 쓴 육사는 1934년부터 1936년까지 정치평론을 발표한다. 그런데 그 내용이 중국 정세를 포함한 국제 정세, 그리고 마르크시즘이다.

이는 육사가 난징 조선혁명군사정치간부학교에서 배운 교과목과 상당 부분 겹친다. 육사가 체포된 이후 조선총독부 경무국이 작성한 자료에 따르면 군관학교 교과목은 군사·정치·실습으로 나뉜다. 그중 정치 과목은 유물사관·경제하·중국혁명사·의열단사·세계정세 등이다.

1920년대 중국 정세에 관한 평론을 통해 육사가 보여 주고자 했던 것은 한마디로 조선 지식인의 비겁한 태도다. 반半식민지로 전락한 중국의 상황은 식민지 조선을 비추는 거울이었다. 연암 박지원이 청나라를 조선을 비추는 거울로 삼았듯 육사 또한 마찬가지였다.

육사는 평론을 통해 중국국민당과 장제스를 일관되게 비판한다. 왜 그럴까? 두 가지 측면에서다. 육사의 분석에 따르면 장제스는 내부적으로 군벌과 결탁해 국부國富를 제국주의 국가에 팔아먹었고, 대외적으로는 외세와 결탁해 자국의 민주주의 요구를 탄압했다.

여기서 한 가지 의문이 든다. 육사는 중국국민당 지원으로 개교한 조선혁명군사정치간부학교를 졸업했다. 그런 그가 왜 이토록 혹독하게 중국국민당을 비판했을까? 육사가 김원봉 계열 독립운동 진영의 이론과 실제의 불일치를 비판했다는 점에 주목해야 한다. 또한 육사는 당시 국제공산당의 테제도 일국일당주의를 표방하고 있었는데, 김원봉은 이를 따르지 않았다고 지적했다. 국제공산당, 즉 코민테른의 테제를 근거로 김원봉 계열의 항일투쟁 노선을 비판한 것이다.

1917년 혁명에 성공한 소련공산당은 1919년 코민테른을 조직해 피식민지의 해방운동을 지원했다. 코민테른은 식민지 출신 혁명가들이 양심적인 민족주의자와 협력하는 민족통일전술을 기본으로 채택했다. 이는 중국에서 국민당과 공산당의 제1차 국공합작으로 실현된다.

그러나 1927년 4월 중국국민당의 배반으로 제1차 국공합작이 결렬되면서 코민테른의 전략도 급진적이고 과격한 방향으로 바뀐다. 육사는 이러한 코민테른의 노선 변화를 정확히 파악한 것으로 판단된다. 자기 세력의 이익을 위해 중국국민당과도 협력했던 김원봉 계열을 기회주의적이라고 비판한 것이다.

그러다 1930년대 초반 일제의 만주 점령으로 위기를 느낀 소련은 1935년 코민테른 제7차 대회에서 '반제민족통일전선' 결성을 결의한다. 최초의 노선으로 돌아간 것이다. 그래서 코민테른은 중국공산당이 중국국민당과 다시 합작할 것을 강력히 요구한다. 육사는 이때도 중국국민당이 2차 국공합작에 유보적이었나며 비판했다. 육사는 일관되게 코민테른의 테제를 판단의 근거로 삼은 것이다.

육사는 중국국민당을 '독재조직'이라고 분명하게 말하고 있다. 중국국민당이 제1차 국공합작을 통해 지방 군벌이 분할통치하던 중국을 '통일'하려고 노력한 것은 인정하지만, 그 과정에서 중국국민당은 장제스를 정점으로 개인 독재·일당독재 체제를 구축한 것도 사실이라는 것이다. 육사는 1935년 발표한 「위기에 임한 중국 정국의 전망」에서 제1차 국공합작

● 난징 총통부總統府

을 일방적으로 깨고 동지였던 중국공산당원을 학살한 건 장제스와 중국
국민당의 전적인 책임이라고 비판했다.

　육사는 다음 해 8월에 발표한 「중국 농촌의 현상」에서는 중국의 농촌
으로 관심을 확대한다. 육사는 당대 중국의 농촌을 '레 미제라블'로 비유
했다. 그러면서 중국의 농촌이 피폐해진 외적 원인을 자본주의 시장경제
의 일방적 침투로 진단했다. 그리고 내적 원인으로는 지주·상업자본가·
고리대 삼위일체의 수탈이라는 중국의 유구한 '가렴주구'를 들었다.

　굶어 죽기 직전의 중국 농민들은 그럼 어떻게 하는가? 서로를 잡아먹
고, 헐값에 노예로 팔린다. 그러다 식량 소동은 각지에 발발하고 이것이
격화된 곳은 중국 소비에트 운동의 온상이 된다고 분석했다. 중국 농촌의
몰락에 책임이 있는 중국국민당이 역설적으로 중국 사회주의혁명의 동

력을 제공한다는 것이다.

육사가 몰락 직전의 중국 농촌의 실상을 언급한 것은 일차적으로 중국 국민당의 반민족적이고 무능한 행태를 비판하기 위해서였다. 하지만 중국의 농촌을 살피면서 육사는 중국과 마찬가지로 전근대적 농업경제 체제를 벗어나지 못한 조선 농촌의 실상도 보여 주고 싶었을 것이다. 서구 열강에 분할 지배되기는 하지만 식민지로 전락하지 않은 중국 농촌의 실상이 이 정도라면, 일본 제국주의의 완전한 식민지로 전락한 조선 농촌의 현실은 어떻겠느냐는 반문을 육사는 이 글의 행간에 숨겼을 것이다.

「중국 청방 비사 소고」도 흥미로운 글이다. 육사는 청방을 "상하이의 '갱'이자 중국 '갱'의 대표"라고 표현했다. '순연한 유맹의 집단', 즉 건달이었던 청방이 '정치적 집단'으로 정식 등장한 배경이 1927년 4월의 상하이 쿠데타였다고 육사는 분석한다.

당시 상하이를 장악했던 노농자들은 중국국민당 군대가 상하이에 도착하면 외세, 그리고 그들과 결탁한 반민족 자본가 세력을 축출할 수 있다고 믿었다. 왜냐하면 당시 중국국민당은 제1차 국공합작을 통해 중국공산당과 협력해 반민족 세력을 처단하는 '북벌' 중이었기 때문이다. 하지만 여러 차례 지적한 것처럼 장제스는 외국 자본가 및 중국 매판 자본가와 결탁해 중국공산당과 노동자를 배신한다.

장제스는 난징에 좌정하고 (……) 회의를 열었으니 그 결과는 모든 선량한 근로자들에 대하여 직시直時 전율할 '테러리즘'이 행하여졌다. (……) 상하이에 있는 제국경찰과 결합된 '갱'들은 수많은 노동자·'인테리겐차'를 도살하였으니 그 제1회의 '테러'가 광란 한 판에 6천 남녀의 희생자가 났다. (……) 이렇게 하여 '갱'은 민국 16년 이래로 국민당의 중요한 무기가 되었다.

육사가 비판하려는 초점은 중국국민당이 노동자를 탄압하는 데 '정치깡패' 청방을 이용했다는 것이다. 중국국민당은 상하이 노동자들의 정당한 파업을 방해하고 노동조합을 깨트리는 데 청방을 활용했다. 이 '테러리즘' 이후 청방이 극우 정치조직으로 중국 사회에 등장했다는 것이 육사의 분석이다.

「중국의 신국민운동검토」에서 육사는 중국국민당이 추진하는 국가 주도 어용 정책의 숨겨진 의도를 적확히 짚어 낸다. 중국국민당은 문화건설운동·신생활운동·과학화운동·국민경제건설운동 등을 추진했다. 그런데 이러한 정책은 중국국민당 진영을 강화하고, '중화소비에트'를 타도하는 것이 실질적 목적이라는 것이다. 육사는 이를 '초공剿公의 완성完成'으로도 표현했다. '초공'이란 중국공산당 토벌을 의미한다.

심지어 중국국민당은 중국 내 사회주의 세력을 핍박하는 구실을 찾기 위해 만주사변에 이은 괴뢰 만주국 성립, 일본의 제1차 상하이 침공 등을 모른 체했다고도 육사는 비판한다. '외세의 침입에 민감한 전통을 가진 중국 민족'은 외부의 적 일본 제국주의 침략에 신경을 쓰느라 국내의 반민주적이고 파시즘적인 중국국민당의 횡포는 인지하지 못하기 때문이라는 것이 육사의 통찰이다.

육사와 사회주의

나는 네 분의 항일 투사 후손을 모시고 베이징에서 대담을 한 적이 있다. 이때 모신 네 분은 내 능력에서 구성할 수 있는 '최강의 라인업'이었다. 조

● 왼쪽부터 김학철 선생의 아드님 김해양 선생, 정율성 선생의 따님 정소제 여사, 김산 선생의 아드님 고영광 선생, 이육사 선생의 따님 이옥비 여사다.

선의용대 마지막 분대장 김학철 선생의 아들 김해양 선생님, 조선혁명군 사정치간부학교 2기 출신으로 신중국 건설 영웅 100인에 선정된 정율성 선생의 따님 정소제 여사, 『Song of Ariran』의 주인공이자 불꽃 같은 항일 투쟁의 삶을 살았던 김산 선생의 아들 고영광 선생님, 그리고 조선혁명군 사정치간부학교 1기 출신이자 저힁시인 이육사 선생의 따님 이옥비 여사.

그때 옥비 여사는 내 귀를 의심케 하는 발언을 했다. 너무 놀란 내가 재차 확인했을 정도였는데, 만약 이육사 선생이 해방을 맞았다면 북으로 가지 않았을까 생각한다는 말씀이었다. 해방 직후 38선 이남의 반공 체제 확립과 친일파의 준동, 그리고 두 동생의 월북까지 모두 이유가 되겠지만, 육사의 독립운동에서 사회주의는 결코 떼려야 뗄 수 없는 노선이자 방법이었기 때문일 것으로 나는 짐작했다.

육사의 사회주의 수용은 당대의 가장 급진적인 사상까지도 독립을 위한 방략으로 고려했다는 역사적 성실성으로 이해해야 한다. 그가 조선을 비롯한 식민지 민족지도자를 동등하게 대우한 레닌과 달리 또 하나의 모스크바를 한반도에 만들려던 스탈린의 저의를 간파하지 못했다 하더라도 그건 육사의 책임일 수 없다. 육사는 자기 신념의 고수라는 편리한 길 대신 가능한 모든 방법을 강구했다. 최종 목적은 조국의 해방이었다.

육사가 사회주의를 상당한 수준에서 수용했음은 조선혁명군사정치간부학교 졸업 기념 연극인 「지하실」로 그 일단을 확인할 수 있다. 육사는 이 작품을 창작했고 연극에도 출연했다. 이 연극의 시공간적 배경은 식민지 조선 경성의 모 공장 지하실이다.

대략의 줄거리는 이렇다. 공장 지하실에서 일하던 노동자는 모월 모일 조선 혁명이 성공한다는 라디오 방송을 듣는다. 혁명의 진행 과정은 계속 라디오로 전해지고 마침내 노동자가 공상을 점령했다는 소식이 전해진다. 국유화된 토지는 농민들에게 공평하게 분배되고, 공장의 이익도 노동자들에게 분배될 것이기에 안심하고 일하자는 방송이 나온다. 이에 노동자들은 자신들이 주인 되는 '공산사회'가 실현되었기에 '조선 혁명 성공 만세'를 크게 외친다.

또 다른 작품인 「수레」에서 육사는 대학교수 역을 맡았다. 이 작품은 무거운 짐을 실은 수레꾼을 돕는 건 건방진 학생도, 수학 원리를 설명하는 대학교수도, 신에게 기도하는 목사도 아니고 노동자라는 사실을 이야기한다. '중요한 것은 노동자 단결력의 위대함'이라는 메시지다.

두 작품을 통해 우리는 육사가 '조선 혁명'의 주체를 노동자로, 혁명의 공간을 공장으로 설정했음을 확인할 수 있다. 이는 육사가 일본과 중국 유학을 통해 직간접적으로 경험했던 사회주의를 민족해방투쟁의 주요한 전략으로 선택했음을 보여 준다. 육사가 혁명으로 제정러시아가 무너지고 현실 사회주의국가가 수립된 역사를 당대에 직접 경험한 것도 이러한 판단의 주요한 근거였으리라.

일제가 조선을 식민화한 이유가 무엇인가? 후발 자본주의국가 일본이 유럽의 자본주의국가와 경쟁할 방법은 제국주의로의 강력한 드라이브였다. 일본 제국주의의 조선 강점은 경제적 수탈에 그 핵심이 있었다. 따라서 육사를 포함한 조선인에게 자본주의의 구조적 모순을 해결하는 계급 해방이 곧 민족해방이었다.

1917년 러시아혁명과 1919년 3.1운동을 통해 수많은 조선 청년들은 사회주의를 받아들인다. 육사 또한 마찬가지였으리라. 그들은 사회주의가 민족해방 이념과 모순되지 않으며, 유일하지는 않으나 유효한 수단이라고 믿었을 것이다.

이는 우리나라 최초의 공산당 강령에서도 확인된다. 1921년 5월 러시아 이르쿠츠크와 상하이에 각각 '고려공산당'이 창당된다. 그중에서 육사가 일본 유학 당시 접촉했을 가능성이 있는 유학생학우회나 동우회 등에 영향력을 미친 단체는 '상해파 공산당'이다. 이들은 창립대회에서 이렇게 천명하고 있다. "한국을 이민족의 멍에에서, 약탈적인 일본에게서 해방시키려고 지향하는 이상은 공산당의 원칙에 대립되지 않는다." 민족해방투쟁과 사회주의혁명을 모순관계로 보지 않고 연속 혁명 과정으로 파악한 것이다. '이르쿠츠크파 공산당' 역시 1922년 극동민족대회 당시 이러한 관점을 수용한다.

식민지에서의 민족적 저항은 반제국주의 투쟁으로 연결될 수밖에 없었다. 그리고 식민지 시기 항일투쟁에서 민족주의 세력과 때론 협력하고 때론 경쟁했던 건 사회주의 세력이었다. 당시에도 민족해방보다 계급혁명을 우선시한 사회주의자가 없었던 건 아니지만, 대체로 사회주의는 독립운동의 주요한 방략으로 이해되고 실행되었다.

그리고 한국 사회주의의 모태는 급진적 민족주의라는 게 정설이다. 임경석 선생에 따르면 헤이그 특사를 기획했던 민족주의 단체 신민회는 한국 사회주의운동의 한 토대였다. 민족주의 진영이 좌우로 분열하고 그중 좌파가 사회주의자가 되는 경로를 보여 준다는 것이다. 이후 해외, 특히 러시아로 망명한 민족주의자와 일본 유학생 중 민족의식이 강한 청년층이 사회주의자를 배출하는 풍부한 원천이 되었다.

식민지 조선이 일제로부터 독립할 수 있는 결정적 기회는 제1차 세계대전 직후에 찾아왔다. 조선 독립을 위해서는 두 가지 조건이 필수적이었다. 실력 양성, 무장투쟁 등과 같은 조선의 내적 역량 강화, 그리고 일본과 갈등 관계에 있는 열강과의 연대라는 국제질서였다. 1914년부터 1918년까지 이어진 제1차 세계대전은 기존 제국의 몰락과 혁명을 통한 사회주의국가의 성립을 가져왔다. '위력의 시대가 거去하고 도의의 시대가 래來'하는 '세계 개조의 대기운'은 바로 이런 상황을 읽어 낸 것이다.

그런데 이러한 현실 인식의 구체적 근거는 무엇이었을까? 제1차 세계대전이 한창이던 때 미국 대통령 윌슨이 발표한 '전후 질서 14개조 원칙' 중 제5조는 흔히 '민족자결주의'라고 불린다. 이에 따르면 현재 조선을 식민 지배하는 일본 정부의 청구는 '당사자인 주민들의 이해'와 동등한 중요성을 가진다. 즉 조선인의 의견이 식민지 주권을 결정하는 주요한 요건이 된다는 것이다.

제1차 세계대전 강화회의인 파리강화회의에 다양한 조선 독립운동 세력이 대표단을 파견하려던 이유가 여기에 있다. 일제의 조선 식민 지배에 조선인의 견해와 이익이 중요하게 고려된다면, 강화회의에 참석해 조선

● 1935년 약산 김원봉, 우사 김규식 등이 주도해 조선민족혁명당을 창당한 난징대학 내 예당禮堂이다.

인은 일제의 식민 통치를 원치 않는다고 의견 표명을 해야 하지 않는가.

　외교독립론은 이렇게 시작되고 조직되고 실행되었다. 다양한 국제회의에 조선 대표를 파견해 일제의 불법적 조선 강점을 알리고 조선 민중의 독립 의지를 알려야 한다는 것이다. 그런데 주권이 없던 당시 조선인들은 개인 자격이나 정당 대표로 회의에 참석할 수밖에 없었다. 그렇게 해서도 외교 교섭력을 확보할 수 없자 국내외 애국지사들은 정부를 수립한다. 각지에서 각종의 임시정부가 수립된 연유다.

　그런데 한두 명의 대표만 파견해서 조선 민중이 독립을 원한다는 사실을 열강에 알릴 수 있을까? 조선 독립 의지를 증명하기 위해서는 광범위한 대중운동이 필요했고 3.1운동은 이것의 매우 인상적이고 모범적인 증거가 되었다. 3.1운동은 일제의 폭력적 진압에 비폭력으로 일관했다. 당시 조선 민중의 목표는 열강을 향해 조선의 독립 의지를 증명하는 것이었기 때문이다. 그러나 결과는 어떠했는가. 일제의 총칼도 무자비했지만 제1차 세계대전 강화회의 결과는 식민지 조선의 독립에 어떤 영향도 미치지 못했다. 일본이 승전국이었기 때문이다. 하지만 조선 독립을 위한 외교론의 실패는 절망이 아니라 새로운 전망을 열어 주었다. 독립전쟁론이 등장한 것이다.

이런 상황에서 육사를 비롯한 조선의 독립운동가가 미국을 비롯한 열강의 본질을 깨닫고 소련을 조선 해방의 조력자로 인식하는 사건이 연달아 일어난다. 파리강화회의에서 독립 청원을 하던 우사 김규식은 철저히 외면당한다. 이 회의는 강대국의 식민지 분할을 고민했지, 조선과 같은 식민지의 해방을 고려한 게 아니었기 때문이다. 파리강화회의에 이은 워싱턴회의도 조선의 외교 독립론자를 무시했다. 이승만을 비롯한 임시정부 대표단의 한국 독립 청원이 또다시 실패한 것이다.

그런데 워싱턴회의가 끝나기도 전에 소련이 극동피압박민족대회를 개최해 식민지의 독립을 지원하겠다는 의사를 표명한다. 이때 조선 대표 단장을 맡은 김규식 선생은 "우리가 미국에 대한 기대를 크게 가졌으나 이제 실망한 나머지 이곳에나 희망을 걸어 보려고 하는 뜻에서 참가하였다."고 말했다.

조선은 극동피압박민족대회에 전체 참석인원의 1/3이 넘는 56명의 대표를 파견했다. 즉 1920년대 초반 조선의 독립운동가들이 조선 해방의 국제적 파트너로 인식한 나라는 혁명을 통해 최초의 사회주의국가가 된 소련이었다. 소련의 혁명 지도자는 조선 독립 자금으로 200만 루블을 약속했고, 1차로 40만 루블을 금으로 지급했다. 이는 약 87,000개의 1돈짜리 돌반지를 만들 수 있는 양이란다.

4장

264가 되기까지

부·경·포·대
여·주·항·구

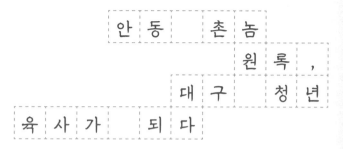

안동 촌놈 원록, 대구 청년 육사가 되다

안일양과 결혼하다

대구를 대표하는 근대 문인은 누굴까? 대부분 「빼앗긴 들에도 봄은 오는 가」의 이상화를 꼽을 것이다. 맞는 말이다. 하지만 육사가 대구에 남긴 자취 또한 만만치 않다. 육사는 대구에서 본격적인 근대교육을 받았고 결혼해 가정을 꾸렸으며, 일본과 중국 유학을 통해 견문을 넓히고 기자로서 사회생활을 시작하면서 청년운동을 주도했다. 그리고 일제에 최초로 체포, 구금되는 고초를 겪은 것도 대구에서다.

또한 대구는 육사에게 여러 분기점이 되는 공간이다. 대구로 오기 전 육사는 고향 안동에서 전통교육과 초보적인 근대교육을 받았다. 대구로 나온 이후에야 본격적인 근대교육을 받고 교사로서도 활동했다. 그리고 일본과 중국 유학을 통해 당대 지식의 최전선을 경험했다.

이는 단순히 물리적 시간의 경과에 따른 교육 수준의 향상만을 의미하진 않는다. 앞서 베이징 시기를 이야기하며 검토했지만, 육사는 베이징에서 최고 수준의 지식인과 교류하고 가장 급진적인 사상에도 접속했다. 또한 일본 유학에서는 재일조선인 학살과 비참한 삶을 경험하며 식민지 망국인의 처지를 뼈저리게 느꼈다.

대구는 육사가 가족의 일원이자 생활인으로 살았던 거의 유일한 공간이기도 하다. 안일양 여사와 결혼해 가정을 꾸리고 첫아들을 얻은 곳이 대구다. 『조선일보』와 『중외일보』 기자로 일하며 일생에 거의 유일하게 직장 생활을 한 곳도 대구다.

물론 육사가 소시민으로서 가족만 돌보고 살았다는 말은 아니다. 오히려 육사는 대구에서 청년운동과 계몽운동을 조직, 지도했으며 그 과정에서 장진홍 의거와 관련해 최초로 일경에 체포된다. 이를 통해 안동 촌놈 이원록은 지금 우리가 알고 있는 이육사로 거듭난다.

또한 육사는 대구에서 합법적인 대일 항쟁의 한계를 절감한다. 1920년대 후반 대구에서의 사회운동 및 기자 생활을 통해 육사는 식민지 조선에서 합법적으로 할 수 있는 거의 모든 구국 투쟁을 시도한다. 하지만 이는 세 번의 연이은 체포로 좌절된다. 이때 육사는 해외의 '비합법적' 무장투쟁으로 눈을 돌린다. 대구에서의 합법적 청년운동 및 계몽운동이 없었다면 가능하지 않았을 변증법적 지양止揚이다.

그가 중국 난징으로 가 군관학교에 입학해 무장투쟁 간부로서 훈련받은 것은 이러한 한계를 극복하기 위한 고심의 결과였다고 나는 판단한다. 그리고 육사는 1935년 또 한 번의 방향 전환을 통해 우리 민족 내부의 문화적 역량을 키우는 일에 헌신했다.

1930년대 조선학운동에의 접촉은 육사에게 매우 자연스러운 일이었으

● 白鶴書院^{백학서원}과 白鶴學院^{백학학원} 두 편액이 확인된다.

리라. 퇴계의 후손인 육사에게 조선학운동은 유학적 전통과 맞물리기 때
문이다. 당시 대부분 작가가 일본을 통해 수입된 외래의 예술론에 경도된
것을 불편해하던 육사는 우리 문화에서 내세울 만한 것을 찾고자 성심껏
노력했다. 문화 역량 제고를 통한 근본적 민족해방이라는 방향 전환이 결
코 항일투생의 철회 혹은 현실과의 타협이 아니었음을 우리는 안다. 문화
투쟁이 한계에 다다랐을 때 육사는 다시 직접 행동에 나섰다가 스러졌다.

이제 육사가 대구로 온 시점부터 그가 대구를 떠나 중국 난징으로 가
기 전까지의 행적을 따라가 보자. 육사 가족은 그가 16살 되던 무렵 고향
원촌마을을 떠나 녹전면 신평리 일명 듬벌이로 이사한다. 이때 육사는 형
원기, 동생 원일과 함께 학업을 위해 대구로 나온다. 당시 육사 형제가 거
처한 곳이 대구 남산동 662번지다. 최근 이곳은 아파트 단지로 개발되면

서 육사를 기념하는 작은 공간을 마련했다.

대구로 나오기 직전 육사는 안일양과 결혼한다. 그리고 처갓집 인근에 문을 연 백학학원에서 공부한다. 백학학원은 퇴계 이황과 그의 제자 금계 황준량을 배향配享한 백학서원의 재원을 바탕으로 설립된 근대 학문 기관이다. 육사는 이곳을 졸업한 후에는 1년 조금 못 되게 교사로도 일한다. 이때 백학학원에서 함께 근무했던 교사 중에는 3.1운동 당시 대구 만세운동을 주도했던 이들이 있었다. 이들은 1920년 중반 육사와 함께 신간회 대구 지회에서 활동하는 인연으로 이어진다.

육사의 부인은 어떤 분이었을까? 안일양 여사는 친정아버지를 그렇게 어려워했단다. 결혼 전에는 '아버지'라고 한 번도 부르지 못했을 정도다. 결혼 후 근친 가서 '이번에는 꼭 아버지라고 불러 봐야지.' 이렇게 다짐을 해도 아버지와 눈이 마주치면 차마 입이 떨어지지 않아 매번 실패했단다. 딸을 낳고서야 아버지를 처음 불러 봤다고 하니 남편 육사를 빼고도 안일양 여사의 세월이 만만치 않다.

옥비 여사의 외할아버지, 그러니까 안일양 여사의 아버지는 어린 옥비를 각별히 아끼셨단다. 벽장 속 귀한 음식을 아무거나 맘껏 가지라고 하면 어린 옥비는 늘 작은 거 하나만 골랐단다. 그러면 "욕심도 없지." 하시며 하나를 더 집어서 손에 쥐어 주곤 했다고 옥비 여사는 회고했다.

대지주의 맏딸로 태어난 안일양 여사는 드라마나 소설 속 '아씨'의 이미지와는 많이 달랐다. 남편 옥바라지로 다져졌기 때문일까. 한국전쟁 당시 그녀가 보여 준 신속하고 적절한 판단은 급박한 상황에서도 가족을 무사히 건사하는 바탕이 되었다.

한국전쟁이 터지고 국군이 패퇴를 거듭하자 대구에 살던 안일양 여사는 영천 친정으로 간다. 낙동강 다리가 끊어지고 피란이 여의치 않을 정도로 전세가 나빠지자 집안 어른을 살피기 위해서다. 친정집에는 노인 외에도 옥비를 비롯한 18명의 아이들이 올망졸망 모여 있었다.

영천 집 인근에서 교전이 발생하거나 폭격을 받으면 아이들이 우왕좌왕할 것을 염려한 안일양 여사는 각자의 몫으로 배낭을 하나씩 만들어 주었단다. 배낭 안에는 미숫가루와 속옷 몇 벌을 넣고, 혹 아이들이 길을 잃을 상황에 대비해 이 아이를 대구 대인병원으로 데려다 주십사 부탁하는 글을

● 옥비 여사 안방에 놓인 안일양 여사 사진이다.

천에 쓰고 이를 배낭 안쪽에 단단히 꿰매어 두었단다. 대인병원은 당시 친척이 운영하던 병원이었다. 지금의 '생존배낭'을 그때 이미 직접 만들어 사용했던 것이다.

영천까지 밀린 국군의 일부 부대가 안일양 여사의 친정집 반을 점유한 적이 있었다. 하루는 부대장이 안일양 여사에게 오늘 밤에 큰 전투가 있을 것 같으니 피란하라고 귀띔해 주었다. 급히 거처를 구해 아이들과 어른들을 대피시켰는데, 과수원 한가운데 있던 곳에서 한참을 피란하다 보니 양식이 떨어졌다.

안일양 여사는 어린 옥비를 데리고 영천 집에 숨겨 둔 양식을 가지러 가다가 인민군 병사들에게 붙잡혔단다. 그런데 안일양 여사는 당황하지 않고 그 부대의 장교에게 자신이 이육사 시인의 아내라고 말했단다. 깍듯

하게 거수경례까지 한 그 장교는 안전하게 집에 다녀올 수 있는 길을 알려 주었다고 한다.

1951년 가을 즈음 대구로 돌아오자 방이 10개도 넘던 집은 피란민으로 가득 차 있었다. 장을 비롯한 양식도 그들이 다 먹어 치운 후였다. 안일양 여사는 자기 집을 불법 점령한 이들을 내치지 않고 사리에 맞게 설명을 했단다. 다른 사람 집에 무단으로 들어와 산 것, 주인 허락 없이 양식과 장을 축낸 것, 모두 시세가 그러하니 다 이해한다고 말하고, 하지만 우리도 살아야 하니 안방을 내달라고 설득했다. 거칠 대로 거칠어진 피란민들이었지만 모두 안일양 여사의 말에 따랐다고 한다.

그러나 한 가지 걱정이 없지 않았다. 군대에 끌려갈 나이의 남동생들이 있었기 때문이다. 이번에도 안일양 여사의 지혜가 빛난다. 부산항의 미군 물품을 하역하는 노동자로 동생들을 모두 취직시킨 것이다. 그래야만 전선에 끌려가지 않았기 때문이다. 그래서 어린 옥비는 부산 수정국민학교 3학년생으로 1년을 임시수도 부산에서 생활하게 된다.

그럼 당시 생활은 어떻게 꾸려 나갔을까? 안일양 여사는 칼국수를 아주 잘 만드셨단다. 대구에 살 때도 유명한 솜씨였는데, 피란지 집과 가까운 부산진역 앞에서 칼국수 장사를 해 가족을 건사했다. 음식 솜씨 좋은 어머니에게 궁중요리를 배운 옥비 여사는 결혼 후에 '옥비당'이라는 폐백 음식 전문점을 운영하기도 했다.

안일양 여사는 시어머니 제사를 한껏 정성스럽게 모셨다고 한다. 제사 두 달 전에 안동으로 내려가 직접 제수를 준비했단다. 시어머니 제사가 봄이라 살아생전 즐겨 드시던 음식 재료를 구하기 쉽지 않기 때문이다. 그리고 제삿날에는 그렇게 서럽게 우셨다고 한다. 옥비 여사가 친정 부모도 아닌데 엄마는 왜 그렇게 서럽게 우느냐고 묻자, 안일양 여사는 "네 할머니는 내 스승이고 생명의 은인이다."라고 답하곤 하셨단다.

육사에게 대구는 또 다른 의미에서 환희와 절망의 공간이었다. 첫아들 동윤을 얻었지만 두 돌을 넘기지 못하고 세상을 떠났다. 서울로 거처를 옮긴 후 얻은 첫딸은 그보다 더 짧게 이 세상에 머물다 하늘나라로 갔다. 둘 다 홍역으로 잃었다. 육사는 이 무너지는 아픔에서 자신이 간행에 참여하기도 한 『여유당전서』의 「농아광지農兒壙地」를 떠올리지 않았을까?

> 삼동이 다음 애는 이름도 짓지 못했고, 구장이와 효순이는 두척의 산등성이에다 묻었고, 삼동이와 그 다음 애는 두척의 산발치에다 묻었다. 농아도 필연코 산발치에다 묻었을 것이다. 모두 6남 3녀를 낳아 살아남은 애는 2남 1녀뿐으로 죽은 애들이 4남 2녀나 되어 죽은 애들이 살아난 애들의 두 배나 된다.

왜놈들은 도대체 어떤 인간들입니까

1924년 봄부터 1927년 가을까지 도쿄와 베이징 유학을 다녀온 육사는 대구로 돌아와 신간회 대구지회와 대구청년동맹에서 본격적인 활동에 나선다. 당시 대구가 포함된 경북은 23개 군 중 20곳에 지회가 설립된 신간회 지회 운동의 대표 지역이었다.

대구청년동맹은 1927년 7월에 결성되었고, 두 달 후 신간회 대구지회도 설립되었다. 그래서 신간회 대구지회는 대구청년동맹 출신이 주도했다. 육사는 대구청년동맹 간부와 신간회 대구지회 실행위원, 조사부원, 상무 등으로 활약했다. 이때 육사를 포함한 대구 청년들의 활동 거점은 조양회관이었다. 1930년 4월 21일자 『중외일보』에는 대구 신간회 지회 임시대회

● 대구 조양회관

에 관한 기사가 실리는데, 대회 장소가 '西城町^{서성정} 會館^{회관}'으로 적혀 있다. 현재 금호강 옆 망우당공원 건너편으로 이전하기 전 애초 조양회관이 있었던 달성공원 앞이다.

청년운동과 계몽활동을 하면서 육사는 가장 효과적이고 합법적인 신분을 획득한다. 『중외일보』와 『조선일보』 기자로 일한 것이다. 경상북도 경찰부가 편찬한 『고등경찰요사』에 따르면 1920년대 말 『중외일보』의 독자는 1,384명으로 『조선일보』 1,892명, 『동아일보』 1,931명과 엇비슷하다.

육사는 1920년대 대구에서 발행된 대표적인 신문사 세 곳 중 두 곳에서 근무한 것이다. 당시 3대 민간지 지국은 일개 신문사의 지방조직이라기보다도 민족운동의 지방조직 같은 인상이 더 강했다고 하는데, 이는 육사의 활동을 통해서도 확인된다.

육사가 대구에서 기자로 활동할 때 쓴 기사 네 편이 남아 있다. 대구의 사회단체, 약령시, '장연구회'를 소개하는 글과 소설가 장혁주를 인터뷰한 기사다. 육사는 이 기사를 통해 식민지 상황에서 근대화가 강제된 이후 변모한 조선의 정치·경제·문화를 구체적 사례를 통해 보여 주었다. 이는 일본과 중국 유학 이후 육사의 고민과 방향, 즉 합법적 차원의 실력 양성론과 자강론을 드러낸 것으로 판단된다.

대구청년동맹과 신간회 간부, 그리고 신문기자로서 육사의 당시 생각을 잘 보여 주는 글이 1930년 잡지 『별건곤』에 실린 「대구사회단체개관」이다. 이 글은 2장에서도 지적했듯이 당시의 좌우합작 운동과 관련해 주목된다. 서지학적 관점에서는 육사 자신이 '二六四^{이육사}'라는 필명을 쓴 유일한 예라는 점에서도 이채롭다. 육사는 이 글에 '大邱 二六四'라는 필명을 썼다. 그런데 목차에는 평소 필명으로 애용하던 '李活^{이활}'을 썼다.

이 글은 『별건곤』의 '地方紹介·其二^{지방소개기이}, 三南^{삼남}의 雄都^{웅도} 大邱行進曲^{대구행진곡}'이라는 특집에 실려 있는데, 여기에는 이상화의 「大邱行進曲」도 함께 실렸다. 육사와 이상화가 알고 지냈을 것으로 강하게 추정되는 근거다. 이상화는 육사보다 세 살 위다. 이상화는 고향 대구에서 3.1운동을 모의하다가 서울로 피신하고, 1920년대 후반에는 의열단원 이종암 사건으로 구속되기도 했다.

이종암이 누군가? 1922년 상하이에서 일본 육군 대장 다나카 기이치를 김익상, 오성륜과 함께 처단하려 했던 열혈 항일 투사다. 이때 체포를 피한 이종암은 독립자금을 모으기 위해 대구로 왔다가 일경에 체포된다. 그리고 대구형무소에서 복역하던 중 가출옥 상황에서 순국했는데, 이상화가 그 사건과 연루된 것이다.

이상화의 절창 「빼앗긴 들에도 봄은 오는가」는 1926년에 발표되었다.

● 대구 이상화 고택

육사가 이 시를 읽지 않았을 리 없다. 그리고 1927년 고향 대구로 내려온 이상화를 육사는 어떤 식으로든 알고 있었으리라. 그는 「大邱行進曲」에서 '웃음도 소망도 빼앗긴 우리'가 할 수 있는 일은 '달 지고 해 돋도록 취해'나 보는 것이라고 자조했다.

해외 유학 이후 대구로 돌아와 여러 단체 간부와 신문기자로 활동하던 육사의 삶이 그러나 평탄했던 건 아니다. 육사는 1927년에 장진홍 의거와 관련해, 1930년에는 광주학생항일운동 여파로, 1931년에는 다시 대구격문 사건으로 체포, 구금, 석방을 반복한다. 이원록이 이육사가 되는 통과의례는 이토록 혹독한 것이었다.

일제강점기 육사의 고초를 요약할 때 17번 구금, 체포되었다고 말한다. 하지만 이런 증언 혹은 기록은 검토가 필요하다. 이 이야기가 처음 등장하는 건 1963년 12월 18일자 『동아일보』, 「이육사의 생애, 시비 건립에 붙여」로, 글쓴이는 육사의 장조카 이동영이다. 그는 육사 6형제 중 맏형인 이원기의 장남이다. "국내에서 대소사건이 있을 때마다 검속, 투옥 등으로 대구형무소, 서울형무소, 북경감옥 등에 투옥되기 17회 이상에 이르러 마침내 1944년 1월 16일 상오上午 5시 북경서 옥사한 것이었다."

그런데 이러한 명시적 표현은 1974년 『나라사랑』 '육사 이원록 선생 특집호'에 실린 「이육사의 독립운동과 생애」에서는 유보적인 표현으로 바뀐다. 가족 친지로부터 전해 들었던, 그래서 의심 없이 믿었던 증언을 뒷받침할 구체적 자료를 찾지 못했기 때문일까?

> 항상 요시인要視人이 되어 있어 국내에서는 조그만 일이라도 발생되면 왜경의 예비 검속을 당하였다. 그러므로 집안에서는 그의 검속 투옥이 스무 번도 넘을 것이라 하지만, 기실 확실한 횟수는 잘 모르고 기억으로써 17회쯤 되는 줄 안다.

투옥 횟수가 몇 번이든 나는 육사가 겪었던 고통이 감히 짐작조차 되지 않는다. 당시 이원기는 친척에게 보낸 편지에서 옥살이하는 동생 육사가 "고통이 보통이 아니고 감방에서 병들어 누웠다."고 적었다. 그리고 이렇게 한탄했다. "왜놈들은 도대체 어떤 인간들입니까."

육사를 비롯한 숱한 항일 투사가 고초를 겪었던 대구형무소 자리에는 '사회적 혁명가' 예수의 십자가 희생과 사랑을 전하는 교회가 들어섰다. 그리고 육사의 수감을 기억하는 조형물도 설치되었다. 형무소가 교회가 되는 세월의 변화가 반갑지 않은 것은 아니나, 대구청년동맹과 신간회 간부인 육사가 꿈꾸었던 좌우합작의 정신이 지금의 대구에서는 외면받는

● 대구 삼덕교회 앞에 대구형무소에 수감된 육사를 형상화한 조형물이 설치돼 있다.

것 같아 마음 아프다.

아버지 陸史육사와 딸 沃非옥비

대구는 해방 이후 최초의 육사 추도 모임이 열린 곳이기도 하고, 육사를 존경하는 사람들이 육사를 기리는 공간을 하나씩 조성하는 도시이기도 하다. 1957년 대구 한양다실에서 '육사 추도의 밤'이 열렸는데, 조지훈은 '육사의 민족운동'을 주제로, 김종길은 '육사의 시'에 대해 강연했다.

육사와 대구의 진진한 인연에도 불구하고 그를 기리는 공간이 없어 안타까웠던 박현수 교수는 사비를 털어 '264작은문학관'을 열었다. 이곳은 육사가 기자로 활동했던 중외일보사 인근이고, 육사 사후 안일양 여사가 옥비를 데리고 살던 집 근처다. 문학관 건물은 1930년대 지어진 적산 가옥으로 당시에는 일본 헌병대장이 살았단다.

나는 육사 답사 때마다 무리한 동선임을 알면서도 애써 대구를 찾곤 했다. 박현수 교수를 응원하기 위해서다. 대구에 도착하기 전 버스에서 아이들에게 박현수 교수의 열정과 기여를 이야기하며 응원을 부탁하거나 강권한다. 나보다 마음이 훨씬 더 따뜻한 아이들은 평소보다 더 밝은 모습으로 264작은문학관을 거대한 공간으로 만들곤 했다. 마음이 채 몸속에 다 들어가지 못하는 거인처럼.

문학관에는 육사의 삶과 문학을 깔끔하게 정리한 자료와 레고로 만든 작품까지 볼거리가 적지 않았다. 그런데 나는 아이들에게 가장 먼저 천장을 보라고 했다. 마룻대에 쓰인 "내 여기 가난한 노래의 씨를 뿌려라."는 「광야」의 시구를 소개하기 위해서다. 그 옆으로 李沃非^{이옥비}라는 한자가 보인다. 옥비 여사는 자신에게 아버지가 사시던 삶의 무게를 얹어 주신 거라고, 아버지의 유지遺志가 자신의 이름 속에 남아 있다고 이야기한다.

육사의 딸 이름 이야기가 나왔으니 육사의 이름도 정리하고 가자. 육사의 본명은 원록源祿이다. 어릴 때는 원삼源三이라 불리기도 했다. 필명으로는 이활李活과 널리 알려진 이육사李陸史가 있다. 이활이라는 이름은 육사가 글을 발표하기 시작한 1920년대 말부터 1935년 이후까지 꾸준히 썼다. 추가로 검토가 필요한 것은 '李陸史'의 한자 표기다.

'이육사'라는 이름은 앞서 소개한 『별건곤』에 처음 등장한다. 정확히는 '大邱^{대구} 二六四^{이육사}'라고 썼다고 했다. 육사는 이 글을 발표하기 전인 1927년 장진홍 의거 사건으로 체포되는데, 그때의 수인번호가 64번, 혹은 264번이었기에 이를 필명으로 썼다는 것이 지금까지의 설명이고 다들 그렇게 알고 있다. 하지만 이에 대한 명확한 근거는 없고 증언만 있을 뿐이다.

● 오른쪽 사진 맨 오른쪽이 박현수 교수다. 안타깝게도 '264작은문학관'은 최근 문을 닫았다.

그가 처음 대구형무소에 투옥되었을 때 수인번호가 육십사번이어서 조석朝夕
으로 놈들이 "六四" 하고 부른 것을 스스로 취음取音하여 陸史로 하였다
한다.

　다른 추측도 있다. 당시 『조선일보』 대구지국장 장인환은 용달회사도
운영했는데, 회사 이름을 八五社팔오사라고 했단다. 회사의 전화번호가 854
번이었기 때문이다. 육사가 연이은 세 번의 수감 이후 『조선일보』 기자로
활동했던 사실을 떠올리면 자신의 수인번호로 호나 필명을 정했을 가능
성이 있다.
　'육사'의 표기가 처음부터 '陸史'였던 것은 아니다. 1932년 발표된 한 글
에서는 '고기를 먹고 설사하다'는 다소 자조적인 뜻의 '肉瀉육사'로 표기했
다. 우리가 알고 있는 '陸史'는 난징 간부학교에 입학할 때 처음 등장한다.
그리고 '戮史육사', 즉 '일본 역사를 도륙하다' 정도로 풀이되는 표기도 있었
다. 이와 관련된 이야기가 흥미롭다.

장진홍 의거 사건으로 수감된 후 풀려나오자 이번에는 광주학생항일 운동 1주년과 관련한 격문이 대구에 붙게 되고 이 사건으로 육사는 다시 체포된다. 6개월의 옥고를 치른 육사는 요양 차 1930년 6월에 영일군, 현재 포항시에 있는 집안 아저씨 이영우를 찾아간다. 하루는 육사가 매화 한 폭을 그리고 '戮史'라고 관서한다.

그러자 한학에 조예가 깊었던 이영우는 글자의 의미가 노골적이라 위험하다며 같은 의미면서도 뜻을 굽히지 않을 수 있는 '陸史'를 쓰라고 권한다. 일본이나 조선의 옥편과 달리 원본에 해당하는 중국 옥편에만 '陸'자에 '땅'이라는 뜻 말고도 '도륙하다'는 뜻이 있다는 설명이었다.

육사의 대구 시절에서 마지막으로 검토할 것은 육사의 첫 시로 알려진 「말」이다. 이 작품은 경오년庚午年, 말띠 해였던 1930년에 『조선일보』 신년 축시로 발표되었다고 알려져 있다. 시인의 이름은 李活이활. 그런데 당시 이활이라는 이름으로 활동한 문인이 여럿 있었다는 점이 문제를 복잡하게 한다.

최초의 시란 한 시인이 맨 처음 쓴 시를 말한다. 하지만 시가 발표된 후 생명력을 갖는 것이라면 최초의 시는 독자에게 소개되거나 인정받은 첫 작품으로도 이해할 수 있다. 그래서 나는 당시 문인들이 어떤 시를 육사의 첫 작품으로 보았는지를 검토했다. 육사가 「절정」을 발표한 『문장』 1940년 1월호 말미에는 '예술인총람'이 실려 있다. 여기에는 육사와 동생 이원조의 약력이 간단하게 소개돼 있는데, 육사의 약력은 다음과 같다.

경성부 통인정149-9. 본명은 이활. 명치38년 4월 4일, 경북 안동군 도산 면 원천에서 출생. 시인, 소화8년 『신조선』지에 「황혼」을 발표한 이외 시 작 생활에 정진. 평론가 이원조씨의 백씨.

육사는 『신조선』에 「춘수삼제」, 「황혼」, 「실제失題」 세 작품을 연달아 발표했다. 「춘수삼제」는 세 편의 시조 작품으로 1935년 6월호에 발표되었다. 이 작품은 陸史라는 필명으로 발표한 첫 시다. 「황혼」은 같은 해 같은 잡지 12월호에 발표되었다. 이 작품은 육사의 초기 대표작으로 평가되었는데, 그래서인지 해방 후 발간된 『육사시집』에 첫 작품으로 실렸다. 「실제」는 『신조선』 1936년 1월호에 발표되었다.

그러니까 육사가 본격적으로 시를 발표한 1935년 이후 처음 발표한 작품은 「춘수삼제」다. 하지만 이 작품은 본격적인 현대시가 아니라 시조 세 편을 묶은 것이기에, 당시 문인들은 그다음으로 발표한 「황혼」을 육사 초기 대표작으로 인식했던 것 같다. 1930년대 중반부터 1940년대 초반까지 육사와 가장 가까이 교우했던 신석초 또한 「이육사의 생애와 시」에서 "그가 처음 발표한 시작품 「황혼」이 내가 잠시 편집을 맡아 보았던 『신조선』지에 실린 것이다."라고 쓰고 있다.

이상을 종합해 보면 당시 육사 주변 문인과 벗들은 「황혼」을 그의 첫 시이자 초기 대표작으로 인식했던 것 같다. 해방 후 『육사시집』을 발간하며 쓴 동생 이원조의 '발문' 중 문학청년이 아니었던 그가 30 고개를 넘어서 비로소 시를 쓰기 시작했다는 전언도 1930년 대구에서 발표된 「말」이 육사의 작품이 아닐 수 있음을 보여 준다.

「말」이 육사의 최초의 시인지 나는 확정해 말할 수 없다. 하지만 설사 이 작품이 육사의 작품이 아니라 하더라도, "흐트러진 갈기 / 후주근한 눈 / 밤송이 같은 털 / 오! 먼길에 지친 말 / 채찍에 지친 말이여!"라는 이 작품의 시구가 식민지 현실에 정면으로 응전했던 육사가 감내한 고초를 생생하게 보여 준다는 사실에 나는 주목한다.

와라學」「則도오評傳」이있다.

李雲谷 滿洲國濱江省五常縣城內協和
會本部。
本名은羅英。大正元年十一月廿八日、
平南安州에서出生。小說家。「朝光」誌
所載의 短篇「게」其他가있다.

李庸岳 東京市牛込區喜久井町三一西、
石井方。詩人。

李 朝 京城府安岩町八六의一二三。
號는黎泉。明治四十二年六月二日、慶
北安東郡黎山面遠村에서出生。法政大
學佛文科卒。朝鮮日報學藝部記者를거
쳐、現大同出版廷主幹代理。東亞日報
所載의「自殺論」以來、가장健實한評論
家로서活躍하고있다.

李陸史 京城府通仁町一四九의九。
本名은李活。明治卅八年四月四日、慶
北安東郡陶山面遠川에서出生。詩人。
昭和八年、「新朝鮮」誌에「黃昏」을發表
한以外、詩作生活에精進。評論家李源
朝氏의伯氏。

● 李 朝는 李源朝를 잘못 쓴 것으로 보인다.

포 항 과
「 청 포 도 」

포항에 육사 시비가 있는 사연

우리나라 내륙 영토의 최동단이자 그래서 일출 명소인 호미곶 인근에는
육사의 시비가 두 개나 있다. 그런데 두 시비 모두 「청포도」를 새겼다. 육
사의 대표작이니 이상할 건 없지만 그리 멀지 않은 곳에 자리한 두 시비
에 같은 작품이 새겨진 데는 사연이 있을 것 같다.

　포항 지역 문인들은 육사가 「청포도」 시상을 떠올린 곳이 포항이라고
믿는단다. 그런데 시상지라는 개념은 매우 모호하다. 특정 장소에서 얻은
감흥을 바로 작품으로 형상화한 예가 없는 것은 아니지만, 대부분 작품은
최초의 시상으로부터 오랜 시간의 조탁과 퇴고의 과정을 거치기 때문이
다.

　그래서 모호한 시상지보다는 명확한 발표 시기와 장소를 주목하는 게

일반적이다. 잘 알려져 있다시피 「청포도」는 1939년 8월 『문장』에 발표되었다. 당시 육사는 서울에 살았다. 물론 이것이 육사가 「청포도」를 서울에서 처음 구상하고 창작, 완성했다는 뜻은 아니다.

우리가 확인할 것은 「청포도」의 포항 시상지 설의 근거다. 가장 먼저 검토할 것은 육사의 포항 방문이다. 기록으로 확인할 수 있는 방문 횟수는 두 번이다. 육사는 1930년과 1936년에 두 번 모두 요양 차 포항을 찾았다. 첫 번째 방문 때는 친척 댁에, 두 번째는 친구 집에 머물렀다.

육사는 1930년 6월 영일군 기계면 현내리, 집안 어른 이영우의 집을 찾았다. 그런데 이 당시 육사가 보낸 엽서에 "급한 일로 곧바로 떠나게 되어 참으로 안타까웠습니다."라는 구절로 미루어 보면 첫 번째 포항 방문은 길지 않았던 듯하다. 엽서에는 이런 구절도 있다.

> 형제가 서로 의지하며 밤낮으로 열심히 일하고 있습니다만 보잘것없어서 아침에는 끼닛거리가 없고 저녁이면 잠잘 곳이 마땅하지 않으니 한탄스럽기 짝이 없을 뿐입니다.

당시 육사에게 어떤 일이 있었을까? 1927년 10월부터 포항을 방문하는 1930년 6월 직전까지 육사는 세 차례의 체포, 구금, 고문을 당한다. 이로 인해 육사는 육신이 무너져 포항으로 요양을 왔고, 경제적으로도 큰 어려움을 겪었음을 알 수 있다.

육사는 1936년에 다시 포항을 찾는다. 대구와 경주를 거쳐 포항에 온 육사는 친구인 서기원의 집에 머물렀다. 그는 훗날 옥비 여사의 결혼식 주례를 맡기도 했다. 1937년에 발표한 「질투의 반군성」을 통해 이때 육사가 요양 차 포항을 방문했음을 확인할 수 있다. "지나간 칠월입니다. 나는 매

● 포항 송도해수욕장

우 쇠약해진 몸을 나의 시골에서 그다지 멀지 않은 동해송도원^{東海松濤園}으로 요양의 길을 떠났습니다."

동해송도원은 지금의 포항 송도해수욕장으로 당시에는 명사십리로 유명했다고 한다. 육사가 당시 석초에게 보낸 엽서에도 이곳의 아름다움을 묘사한 문장이 있다. "명사오십리^{明沙五十里}에 동해의 잔물결이 두 사람의 걸어간 자취조차 씻어 버리지 못하고 보드랍게 핥아 갑니다. 깨끗한 일광^{日光}해면^{海面}에 접촉되는 즈음 유달리 빛납니다."

이곳에 솔숲을 조성한 사람은 오우치로라는 일본인 대지주로 송도백사장을 대여받아 조림 사업을 했다. 그러다 1931년 이곳은 해수욕장으로 개장한다. 그런데 당시 '송도원'이라는 지명은 원산에만 있었다. 원산의 송도원이 유명했는데 포항에 솔숲이 조성된 해수욕장을 개장하니 그것에 빗대 '동해송도원'이란 표현을 쓴 것으로 보인다. 1932년 신문 기사에서 그런 정황을 짐작할 수 있다. "원산 송도원에 손색이 없는 동해안 굴지의 납량 요양지는 영일만에 흐르는 형산강의 삼각주에 백사청송白沙靑松이 우거지고 물이 맑아서 좋다."

흥미롭게도 포항 최초이자 유일의 학생 문학 행사인 백일장이 이곳 송도해수욕장에서 열렸다고 한다. 현재 포항 원로 문인들은 대부분 이 백일장에 참여한 적이 있단다. 그중 1942년 포항에서 태어난 박이득은 선배 문인들의 「청포도」와의 인연을 전승한 대표적 인물이다. 그의 기억 속 송도해수욕장은 이렇다.

> 당시의 송도는 10여만 평이 송림이었고 소나무와 측백나무가 너무 크고 빽빽해서 혼자 다니기는 무서울 정도였다. 숲에는 또 다람쥐, 청설모, 산토끼, 노루, 꿩, 각종 새들이 무리 지어 제각각 송림의 주인이라고 소리쳤다

이런 곳에서 요양하던 육사는 그러나 장마와 태풍을 만난다. 1936년 여름에는 기상관측 이래 가장 오랫동안 비가 왔고, 가장 강력한 태풍 3693호가 한반도를 강타했다. 당시 장마와 태풍으로 사망, 실종자가 1,232명에 이르렀는데, 이는 현재까지 한반도에 가장 큰 피해를 끼친 태풍으로 기록돼 있다.

「질투의 반군성」은 자신에게 원고를 부탁한 '兄형'에게 쓰는 편지 형식인데, 육사는 이렇게 당시의 자신을 평가한다. "나는 생활을 갖지 못하였다는 것입니다. 적어도 '신세리티sincerity'가 없는 곳에는 참다운 생활은 있을 수 없다고 생각하는 현금現今의 나에게 어찌 보고할 만한 재료가 있으리까?" 보고할 만한 재료가 없으니 부탁받은 글도 쓸 수 있을지 모르겠다

고 육사는 한탄한다. 그러면서 한 후배가 생활의 절박함이 없음을 비판한 이야기를 덧붙인다. 그리고 이어지는 글의 마지막 부분이다.

> 태풍이 몹시 불던 날 밤, 온 시가는 창세기의 첫날밤같이 암흑에 흔들리고 폭우가 화살같이 퍼붓는 들판을 걸어 바닷가로 뛰어나갔습니다. 가시넝쿨에 엎드러질락 자빠질락 문학의 길도 그럴는지는 모르지마는 손에 들린 전등도 내 양심과 같이 겨우 내 발끝밖에는 못 비치더군요. 그러나 바닷가에 거의 닿았을 때는 파도소리는 반군의 성이 무너지는 듯하고, 하얀 포말에 번개가 푸르게 비칠 때만은 영롱하게 빛나는 바다의 일면! 나는 아직도 꿈이 아닌 그날 밤의 바닷가로 태풍의 속을 가고 있는지도 모릅니다.

건강을 위한 요양이지만, 이를 생활이 없다고 비판하는 후배의 글을 아프게 인정하면서도 육사는 자기 나름의 길을 가겠다고, '내가 부정한 바를 부정'하는 삶을 살겠다고 다짐한다. 그 다짐의 구체적 결심이 위에 인용한 글이다. 자신이 가는 문학의 길이 태풍을 헤쳐 가는 길과 같을지라도, 당대를 살아가는 자신의 양심이 겨우 발끝만 밝히는 초라한 등불에 불과해도, 자신은 결코 태풍을 외면하거나 혹은 자포자기해 그 자리에 쓰러지지 않겠다는 다짐이다.

청포도문화살롱시대와 문화경작소 청포도다방

육사의 글을 살피고 육사가 디딘 공간을 고증해 봐도 포항과 「청포도」의 직접적인 연관성을 찾을 순 없다. 사실을 말하자면 육사는 둘의 뚜렷한 관련을 적시하지 않았다. 다만 포항 출신 문인들의 증언은 남아 있다.『포항시사』에 수록된 이야기다.

> 김대정은 이육사와의 깊은 교류로 이육사를 포함 미쯔와 포도농원으로 안내한 장본인이며, 이육사로 하여금 「청포도」 시를 쓰게 한 모티프를 준 인물로 후일 이육사와 주고받은 「청포도」 시 관련 이야기를 한흑구에게 자세히 전하는 자리가 있었다. 한흑구는 다시 손춘익과 박이득에게 「청포도」 시의 고향이 포항 미쯔와 포도농원이며 영일만이라고 어느 날 일러주었다.

우리는 이 기록을 얼마나 신뢰해야 할까? 이것만으로 「청포도」 시상지가 포항의 한 포도원과 영일만이라고 단정할 수 있을까? 나는 반신반의했다. 입으로 전해져 온 이 증언과 관련한 문자 기록은 없을까? 1973년 12월『시문학』의 '李陸史總整理^{이육사총정리}' 특집이 이에 충분히 값한다.

포항 출신은 아니지만 한국전쟁 직후 포항에 정착해 포항 문학 발전에 크게 기여한 수필 「보리」의 작가 한흑구 선생의 「李陸史와 청포도」가 이 특집에 실려 있다. 이 글에 따르면 어느 가을날 대구 시인 도광의가 한흑구 선생을 찾아왔단다. 그래서 포항의 명사 김심당^{金心堂}과 함께 '영일만 해수욕장', 즉 「질투의 반군성」에 등장하는 동해송도원에 가 바다를 구경했다. 맥주 몇 잔에 취한 도 시인이 시를 한 편 낭송했는데 육사의 「청포도」였다. 이에 김심당이 포항과 「청포도」의 인연을 전한다. 김심당은 위 인용문에 등장하는 김대정이다.

> 육사가 '푸른 바다가 가슴을 열고'라고 한 것이 바로 이 바다야, 여기야.

● 포항 문화경작소 청포도다방

(……) 옛날 육사가 이곳에 친구들이 많아서 3, 4개월씩 놀다 갔는데, 저기 저 綜鐵(포항종합제철, 현재의 POSCO: 필자 주) 뒤에 있는 고갯마루에 일본 동 척회사가 경영하던 동양 최대의 포도밭이 있었어. '미쯔와 포도주'를 만들 어서 일본으로 가져갔고, 해방 후엔 '마라톤 포도주'라는 상표를 붙여서 팔 았지 않나. 바로 그 포도 농장에 놀러 다니면서 얻은 소재의 시야.

국어 선생이기도 했던 도광의는 별 의심 없이 「청포도」의 시상지를 안 동으로 가르쳤던 과거를 자책한다. 시의 내용과 낙동강이 흐르는 안동은 도무지 연결되지 않는다는 사실을 새삼 깨달은 것이다. "안동에는 포도밭 이 별로 많지도 않았을 게고, 더구나 바다는 있을 수 없고. 그럼 육사 선생 님이 그 시의 소재를 얻은 곳이 바로 여긴데……."

● 포항 호미곶 '청포도 詩碑'

　여기까지 추적한 후 나 역시 문학 선생이라 이상의 사실을 믿고 싶었다. 하지만 아주 의구심을 떨쳐버릴 순 없었다. 그러다 1960년대 포항 예술가들의 사랑방 역할을 한 곳이 '청포도다방'이고, 그래서 포항 예술인들이 그 시절을 '청포도문화살롱시대'라고 불렀다는 증언을 발견하곤 반쪽의 의심을 버리기로 했다.

　청포도다방은 1952년 포항 출신 사진작가가 연 음악 감상실이다. 상호를 '청포도다방'으로 정한 건 포항의 문화예술인에게 전해 내려온 위의 증언 때문이었으리라. 반갑게도 2018년 포항시 문화도시 재생사업으로 이 공간이 부활했다. 문화경작소 청포도다방이 원래의 청포도다방 장소에 복원된 건 아니지만 그 시절 소중한 기억을 잊지 않으려는 의지는 장하다.

미쯔와 포도원三輪葡萄園은 어떤 곳일까? 이곳의 역사가 흥미롭다. 제1차 세계대전이 발발하자 유럽으로부터 와인 수입이 불가능해진다. 이에 당시 조선 총독 데라우치 마사타케가 미쯔와 젠베에三輪善兵衛에게 포도 재배를 권한 것이 이 포도 농장의 시초라고 한다.

1918년 설립된 농장은 확장을 거듭해 1930년대 중반에는 연인원 3만 명 이상의 조선인 인부를 고용했고 '동양 제일의 포도원'으로 널리 알려진다. 일본 패망 후에는 '마라톤 포도주'로 상호를 바꿔 계속 포도주를 생산하다가 한국전쟁 때 미군이 이곳에 비행장을 만들면서 농장은 사라진다. 현재 이곳은 포항시 동해면 일대인데, 그래서 동해면 행정복지센터 뜰에 '청포도 시비'가 세워져 있다. 이곳에서 멀지 않은 호미곶에 또 하나의 '청포도 시비'가 선 것은 이곳이 전국적인 일출 명소로 포항을 대표하는 관광지이기 때문이리라.

이상의 고증을 바탕으로 「청포도」를 다시 읽어 본다. 일단 작품의 의미는 제쳐두고 육사가 포항에서 방문한 공간만을 고려해 보자. '하늘 밑 푸른 바다'와 '흰 돛단배' 등의 시어가 육사의 고향인 내륙의 안동을 연상시켰던 '내 고장'과 일으켰던 모순이 한결 가벼워진다. 그리고 한 가지 사실도 덧붙인다. 포항에서의 경험을 쓴 「질투의 반군성」에서 육사는 '칠월'에 요양 차 포항에 왔다고 했다.

내 고장 칠월은
청포도가 익어가는 시절

이 마을 전설이 주절이 주절이 열리고
먼데 하늘이 꿈꾸려 알알이 들어와 박혀

하늘 밑 푸른 바다가 가슴을 열고
흰 돛단배가 곱게 밀려서 오면

내가 바라는 손님은 고달픈 몸으로
청포靑袍를 입고 찾아온다고 했으니

내 그를 맞아 이 포도를 따 먹으면
두 손은 함뿍 적셔도 좋으련

아이야 우리 식탁엔 은 쟁반에
하이얀 모시 수건을 마련해 두렴

육사는 「청포도」에 병을 남겼다. 육사 자신의 글은 아니고 지인의 증언이다. 1942년 육사가 경주 옥룡암에서 요양할 때 먼저 요양 차 와 있던 이식우가 남긴 증언이다. 작가의 평이니 무조건 권위를 인정하자는 건 아니다. 다만 육사가 「청포도」를 쓸 때의 마음자리를 짐작해 보자는 것이다.

육사는 「청포도」의 '내 고장'과 '청포도'를 우리나라와 우리 민족으로 비유했다. 청포도가 익어기는 것은 우리 민족이 실력을 쌓고 힘을 길러 성숙해지는 것과 같은데 그럼 일본도 끝장난다고 했다. 이 증언을 그대로 믿으면 '내가 바라는 손님'은 교과서에서 배운 반영론적 관점에 의해 '독립운동가', '민족 지사', '항일 투사' 등으로 해석된다. 그런데 놀랍게도 일본 경찰이나 형사도 이 작품에, 그리고 이 시어에 주목했다. 백철이 남긴 수필 내용 중 일본 형사와의 질의응답을 가감 없이 대화로 재구성하면 다음과 같다.

"그가 쓴 시의 내용이나 경향은 어떤 것이었소?"

"육사의 시는 퍽 귀족적인 품격을 가진 품위 있는 시였습니다."

"이육사는 철저한 민족주의자가 아니오? 「청포도」에서 기다리는 귀인貴人은 누굴 의미하오?"

"나는 이육사가 특별히 민족주의자였다고 생각해 본 일이 없습니다. 그리고 그의 시를 반드시 그렇게만 해석할 수 있겠습니까?"

신석초 또한 「청포도」에 대한 평을 남겼다. "가장 잘 그의 지사적인 희구와 무사한 성격, 티끌 없는 명랑성 등이 표출되어 있는 것." 나는 석초의 평가가 정곡을 찔렀다고 생각한다. 「청포도」에 대한 우리의 첫인상은 '티끌 없는 명랑성'만으로 한정되고, 입시 공부 때는 '지사적志士的인 희구希求'만을 강요당했다. 두 경우 모두 「청포도」를 온전히 읽어 내지 못한 것이다.

동주는 「청포도」를 읽었을까?

동주는 「청포도」을 읽었을까? 나는 그랬으리라 생각한다. 「청포도」는 1939년 8월 『문장』에 발표되었다. 그 전해 동주는 연희전문에 입학해 본격적인 문학 공부에 매진했다. 당시 우리말로 출간된 대표적인 문학잡지인 『문장』을 문학청년 동주가 읽지 않았을 리 없다.

이는 단순한 추정이 아니다. 동주는 자신이 소장했던 『體驗と文學(체험과 문학)』 뒤 속표지에 자신이 갖고 있던 『문장』과 『인문평론』 호수를 적어 두었다. 동주는 1939년에 발행된 『문장』 12권을 모두 갖고 있었는지 '全部有전부유'라고 썼다. 『문장』은 1939년 2월에 제1집을 냈는데, 그해 7월호는

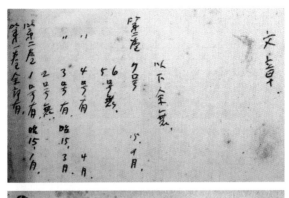

● 위가 『문장』 소장 목록이고, 아래가 『인문평론』 소장 목록이다.

한 번 더 발행해 그 한 해에 총 12권이 나왔다. 다시 말하지만 1939년 『문장』 8월호에 육사의 「청포도」가 실렸다. 동주는 육사의 「절정」도 읽었으리라. 동주가 1940년에 발행된 『문장』 중 1, 3, 4호를 소장하고 있다고 적어 놓았기 때문이다. 「절정」은 『문장』 1940년 1월호에 발표되었다.

동주가 『문장』과 함께 소장했던 『인문평론』도 살펴 보자. 동주는 '昭15. 5月 2卷 5号 有', 즉 1940년 5월에 발행된 5호를 갖고 있고, 그 전에 발행된 『인문평론』은 모두 소장하고 있다고 기록했다. 『인문평론』은 1939년 10월에 창간되었으니 동주는 1939년 10월호부터 1940년 4월호까지 모두 소장했으리라. 1940년에 발행된 '2卷' 중에서 동주가 더 소장한 건 8월호다. 그리고 1941년 발행된 '3卷' 중에서는 1941년 1월에 발행된 1호만 있고 나머지는 없다고 적었다. 『인문평론』은 1941년 4월 통권 16호로 폐간되었다.

동주가 소장한 『인문평론』에 육사의 시가 실렸는가? 육사는 『인문평론』에 모두 3편의 시와 1편의 서평을 실었다. 동주가 소장하고 있던 『인문평론』 1940년 3월호에 육사의 「반묘」가, 1941년 1월호에는 「독백」이 실렸다. 우리말로 시 쓰길 꿈꾸던 청년 동주가 『문장』과 『인문평론』에 우리말로 발표된 육사의 시를 읽지 않았을 리 없다고 나는 믿는다.

현재 실물과 사진으로 전하는 동주의 스크랩북은 4권이다. 『매일신보』처럼 예외는 있으나 대부분 『동아일보』와 『조선일보』에 실린 시, 수필, 평론을 스크랩한 것이다. 특히 시기별로 두 번째, 세 번째, 네 번째 스크랩은 모두 『조선일보』 기사다.

동주가 스크랩한 기사 중 육사이 것은 없으니, 육사의 동생 이원조가 5회에 걸쳐 연재한 「九月創作評9월창작평」 일부를 동주는 스크랩했다. 동주는 1938년 12/24, 12/25, 12/27, 12/28에 걸쳐 연재된 최재서의 「抒情詩서정시에 있어서의 知性지성-現代詩論현대시론의 前進전진을 위하야」라는 평론을 스크랩했다. 그런데 같은 날짜 같은 신문에 육사의 수필 「계절의 오행」이 동일한 횟수로 연재되었다. 동주가 이 글을 스크랩하진 않았지만 읽어는 보았으리라.

「계절의 오행」, 나는 육사의 이 글을 읽을 때마다 동주를 떠올린다. 흔히 육사의 행동과 신념의 일치, 예술의 실천적 전위성을 표명한 글로 소개되는 이 글은 식민지 지식인이자 시인인 육사의 시론詩論이라고도 할 수 있다. 그런데 이는 한국어 사용이 금지되던 때 연희전문에 입학하고, 일본 유학 중에도 우리말로 시를 썼던 동주의 다짐으로도 읽힌다.

● 육사의 「계절의 오행」 마지막 연재는 『조선일보』 1938년 12월 28일자 석간 5면에, 은진중학 관련 기사와 사진은 7면에 실려 있다.

내 길을 사랑하는 마음, 그것은 나 자신에 희생을 요구하는 노력이오. 이래서 나는 내 기백을 기우고 길러서 금강심金剛心에서 나오는 내 시를 쓸지언정 유언은 쓰지 않겠소. (……) 다만 나에게는 행동의 연속만이 있을 따름이오, 행동은 말이 아니고 나에게는 시를 생각한다는 것도 행동이 되는 까닭이오.

「계절의 오행」은 동주가 언희전문에 입학한 1938년 『조선일보』에 발표되었다. 앞서 이야기한 것처럼 12월 24일에 연재를 시작해 26일 하루를 쉬고 28일까지 총 네 차례에 걸쳐 연재되었다. 그런데 흥미로운 사실이 있다. 「계절의 오행」 연재 마지막 날인 1938년 12월 28일자 『조선일보』에 동주의 눈을 확 사로잡았을 기사가 실린다. '은진중학재단확립', 동주의 모교 소식이 사진과 함께 소개된 것이다. 나는 동주가 「계절의 오행」을 읽었으리라 추측한다, 아니 읽었다고 믿고 싶다. '나에게는 시를 생각한다는 것도 행동'이라는 육사의 문장에 동주가 힘을 얻었으리라 믿고 싶다.

육사가 동주의 시를 보았을 가능성도 가늠해 보자. 육사는 1931년 8월부터 1932년 3월까지『조선일보』대구지국에서 기자로 일했다. 이후 육사는『조선일보』에 꾸준히 평문을 발표했는데, 1932년 한 해에 3편을 발표하고, 1936년 10월에는「루쉰 추도문」을 5회에 걸쳐 연재한다. 1937년에는 소설「황엽전」과 수필「문외한의 수첩」, 1938년 3월과 12월에는 수필「전조기」와「계절의 오행」을 연재하는 등 육사는 상당한 수의 작품을『조선일보』에 발표했다.

동주의 글도『조선일보』에 세 번 실린다. 1938년 10월 17일「아우의 印象畵인상화」, 1939년 1월 23일「달을 쏘다」, 1939년 2월 6일「遺言유언」이 그것이다. 신문 이외의 문학 작품 발표 지면이 드물었던 당시 육사는 자신이 기고하던『조선일보』문예면을 꼼꼼하게 읽었을 것이다. 그리고 등단작가는 아니지만, 연전 출신으로 꾸준히 작품을 발표한 한 청년의 글을 눈여겨보지 않았을까.

나는 서울 이야기를 할 때도 육사와 동주가 만났을 가능성을 타진했다. 동주의 서울 생활이 1938년 봄부터 1942년 봄까지 4년간 이어졌고, 같은 시기 육사 또한 서울에서 활발한 문단 활동을 했으니 두 사람이 직접 만나진 못했더라도 지면을 통해 서로를 알고 있었으리라 애써 믿고 싶은 것이다.

육사의 장조카 이동영은 육사를 '외유내강'의 인물이라고 했다. 동주의 후배 정병욱 또한 동주를 같은 말로 규정했다. 두 사람의 삶의 궤적과 지향은 달랐을지 몰라도, 성품과 마음 자세는 다르지 않았음을 확인하게 된다. 우리는 학교에서 육사의 시가 남성적이라면 동주의 시는 여성적이라고 배웠고, 그래서 '육사의 신념과 실천 VS 동주의 고뇌와 성찰'이라는 프레임에 익숙하다.

　그런 점이 없지 않다. 하지만 나는 두 분의 시를 읽으면 읽을수록 대조적인 면은 희미해지고 비슷한 인상은 또렷해진다. 그것의 실체가 무엇일까, 나는 오래 고민했다. 그것은 한마디로 외로움이다. 육사와 동주는 자신의 미래를 짐작하지 못했을까? 그 영민한 지성이 그럴 리 없다. 행동이 투명해질수록 파멸은 가속됨을 둘은 알고 있었다. 감당해야 할 앞날을 알고 있음에도 지금-여기에서 자기다움의 자세를 유지했다는 사실이 지금도 우리가 육사와 동주를 기억하는 이유다.

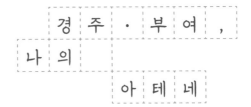

NO. 4-3

경주 · 부여,
나의
아테네

조선학운동과 신석초

고향을 떠나 본격적으로 근대 학문을 접하고, 유학을 다녀오고, 신문기자로 청년 계몽운동에 나섰던 육사는 그러나 세 번의 연이은 체포와 고문으로 식민지 조선에서의 합법적 운동의 한계를 절감한다. 그는 중국 난징으로 가 조선혁명군사정치간부학교에 입학, 무장투쟁론으로 선회한다.

그러나 노선과 이념 갈등을 겪고 국내에 들어오자마자 체포됨으로써 육사는 다시 방향 전환을 준비한다. 물론 육사가 비밀리에 무장투쟁을 계속했을 가능성도 있지만 그것을 입증할 자료가 남아 있지 않다. 육사는 민족해방이 무장투쟁이나 계급투쟁을 통해서만 가능한 건 아니라고 생각한 듯하다. 문화적 역량을 제고하는 것도 더디지만 근본적인 해방의 길이자 새로운 세상을 만드는 길임을 육사는 확신한 것 같다.

이런 생각의 변화에는 상하이에서 만난 루쉰이 상당한 영향을 끼치지 않았을까 짐작해 본다. 그 또한 의학 공부를 하다가 그것보다 더 중요한 건 중국 민중의 생각을 고치는 것이라는 깨달음을 얻고 문예운동에 매진하지 않았던가. 본격적인 문학 활동에 앞서 육사는 신석초를 통해 조선학운동에 접속한다.

조선학운동은 1934년 다산 정약용 서거 99주년을 기념한 『여유당전서』 간행으로 시작되었다. 1931년 좌우합작으로 탄생한 최대의 민족운동단체 신간회가 해소되면서 합법적인 정치활동은 불가능해진다. 이때 위당 정인보를 중심으로 문화운동이 일어나는데 이를 조선학운동이라 한다. 위당은 조선학운동을 '朝鮮조선을 中心중심으로 한 研究연구'라고 정의했다.

위당은 임시정부가 세워지기 훨씬 전 상하이에 망명해 독립운동에 헌신한 지사다. 예관 신규식이 1911년에 조직한 동제사에 참여한 것이다. 이 단체의 출신들은 훗날 대한민국임시정부와 여타 독립운동단체의 지도자로 성장했다. 임정 대통령을 역임한 백암 박은식, 임정 외무총장 예관 신규식, 그리고 아나키즘 계열의 독립운동 지도자이자 역사학자인 단재 신채호 등이 모두 동제사에서 활동했다.

정인보는 또한 영재 이건창으로부터 양명학을 배우기도 했다. 양명학은 외적 명분보다 인간의 내면을 중시한다. 자기 확신이 굳은 이들은 변화를 두려워하지 않는다. 이는 곧 개방적이고 혁신적 사고로 이어진다. 동시에 양명학은 개인의 주체성도 중시한다. 이는 국가와 민족이 위기에 빠졌을 때 자연스럽게 민족적 주체 의식으로 확장될 수 있다.

1935년 봄 육사는 현재 종로구 내수동에 있던 정인보의 집에서 신석초를 처음 만난다. 석초는 위당의 『여유당전서』 교열 및 간행을 돕고 있었다. 육사 또한 이 일에 참여하면서 석초와 우정을 맺고 조선학운동에 참

● 영재 이건창 생가와 묘소

여한다. 육사는 이때 위당으로부터 어떤 이야기를 들었을까? 다산의 글을 묶고 있었으니 육사는 당연히 위당을 통해 다산의 사상을 들었을 것이다. 『경세유표』의 서문이 동학혁명 지도사에게 전해졌다는 강진 지역의 전설 같은 이야기를 위당은 육사에게 전해 주지 않았을까?

어쩌면 위당은 자신의 스승 이야기도 해주었겠다. 열다섯 어린 나이에 과거에 합격해 일찍 벼슬에 나가고 연행을 통해 국제 정세에도 밝았던 스승 영재 이건창, 그는 망국의 길목에서 낙향을 선택한다. 하지만 나라가 위기에 처하자 임금은 전통적 충절과 국제적 안목을 갖춘 영재가 필요했고 그를 몇 번이고 부른다. 하지만 그는 귀양까지 가며 출사를 거부했다. 그는 조선에서 이단으로 외면받았던 양명학을 제자들에게 가르치는 데 혼신의 힘을 다했다.

그런데 조선학운동은 왜 다산에게 주목했을까? 조선총독부는 조선사 편수회를 통해 조선 역사를 노골적으로 왜곡했다. 특히 조선 후기 당쟁을 분열과 갈등으로만 바라보았다. 그래서 조선이 망했다는 논리였다. 이에 위당을 비롯한 당시 지사들은 일본에 상대적 우위를 점하던 문화연구에 초점을 맞추었다. '조선 학계의 지보至寶요 민족 문화의 자랑'이자 '武의 이 충무공과 겸칭할 文의 제1인자' 다산 정약용이 소환된 건 어쩌면 당연한 일이었다.

조선학운동은 육사에게도 상당한 영향을 준 것으로 파악된다. 루쉰이 세상을 떠나자 육사는 루쉰을 추도하는 글을 신문에 연재했다고 앞서 설명했다. 그런데 이 글에서 육사는 전통을 알고 새로운 것을 살피며, 과거를 이해한 바탕에서 미래를 판단하는 것이 중요하다는 주장을 펼친다. 그러면서 당시 조선 작가들이 일본을 통해 수입되는 서구 문예이론을 무비판적으로 수용하고 전통문화를 경시하는 것에 상당한 거부감을 피력한다.

육사의 이러한 생각은 조선학운동에 참여하기 전에 이미 배태되어 있긴 했다. 1934년 2월 창간된 『형상』의 설문인 '1934년에 임하야 문단에 대한 희망'에 육사는 이렇게 답한다. "외국의 문학 유산의 검토도 유산이 없는 우리 문단에 필요한 일이겠지만, 과거의 우리나라의 문학에도 유산은 적지 아니 합니다. 좀 찾아보십시오. -거저 없다고만 개탄치 말고."

이러한 생각을 육사는 계속 유지한다. 1938년에 발표한 「조선 문화는 세계문화의 일륜一輪」에서 육사는 조선 문화의 전통 속에는 지성을 가져보지 못했다고 하는데 좀 생각해 볼 문제임을 지적한다. 유럽에만 지성이 있었던 것처럼 구는 당시 조선 작가들과 육사는 달랐다. 육사는 지성 문제는 유구한 우리 정신문화의 전통 속에도 그 기초가 있었다고 확신한다.

이 글은 1935년 프랑스 파리에서 열린 국제작가회의를 최재서 등이 소개한 것에 대한 비평이다. 1929년 대공황으로 자본주의 위기가 대두하고 1933년 나치가 독일을 장악하자, 유럽의 사회주의·자유주의 예술가는 반파시즘 연대인 '인민전선'을 발족시켰다. 그 연장선상에서 열린 것이 국제작가회의다. 이 회의에서 유럽 작가들은 파시즘에 문학적으로 저항해야 한다고 주장했고, 파시즘에 반대하는 휴머니즘 문학을 제창했다.

육사보다 앞서 이원조도 국제작가회의에 대한 평론을 발표한 적이 있는데, 반파시즘 연대를 부르짖는 유럽의 작가들과 달라도 너무 다른 조선의 문학인들을 이렇게 꼬집었다. "우리네의 지식군知識群이 명색은 진리를 탐구한다면서 사실인즉 편견의 포로가 되어서 저도 뜻하지 아니한 반동적 역할을 하는 것이 대부분이 아닌가?"

식민지 상황에서 조선학운동을 전개하는 것이 고루한 국수주의나 현실 안주로 보일 수도 있겠다. 그러나 해방 직전 육사가 갔던 길을 우리는 알고 있다. 오히려 자신의 전통문화를 무시하고 최신의 문예·문화 이론으로 치장했던 이들 대부분이 '편견의 포로'가 되어 '반동적 역할'로 전락하지 않았던가.

육사는 군관학교 동지 전체가 체포됨에 따라 조선 내에서의 의열투쟁이나 무장투쟁이 가능하지 않다고 판단했을 것이다. 그리고 장기적인 안목에서 우리 문화의 힘을 찾고 기르는 것이 보다 근본적인 민족해방운동일 수 있음을 자각하고 전통문화 보존과 문예활동에 전념했으리라.

그러나 1941년 말 태평양전쟁 발발로 이런 육사의 전망은 다시 불투명해진다. 민족 전체의 생존이 위협받는 상황에서 육사는 다시 직접적인 투쟁의 길로 나선다. 개별적인 의열투쟁보다는 독립운동의 진영 통합을 도모해 결정적 시기를 대비하는 큰 그림을 육사는 그렸다. 그렇게 육사는 일생에 걸쳐 다양한 노선을 따랐지만 그 종착점은 언제나 민족해방과 인간해방이었다.

여행과 요양, 경주

신석초는 조선학운동을 풍전등화와 같았던 우리 민족 얼의 최후적인 피난처였고 유일한 숨통 구멍이라고 평가했다. 국권은 빼앗겼으나 전통문화는 잊거나 잃어서는 안 된다는 절박함이 곧 조선학운동이었다. 이는 기존 경학을 창조적으로 해석하고 실학을 집대성한 다산의 문집 간행으로 구체화되었다. 그렇다면 현존하는 유물로서 우리 문화의 역량을 확인할 수 있는 곳은 어디였을까? 육사에게는 고향 안동에서 멀지 않은 경주가 떠올랐을 것이다.

경주와 관련된 육사의 첫 번째 기록은 1936년 7월 30일자로 석초에게 보낸 엽서다. 보낸 곳은 포항이지만 엽서 앞면에는 불국사 다보탑 사진이 있다. 대구에 들러 포항으로 가는 도중 경주에 하루를 머물렀는데 이때 엽서를 구입한 것으로 추정된다. 육사는 수신자 끝에 '我棣^{아체}'라고 썼다. '나의 형제'라는 뜻이니 당시 육사와 식초의 시김을 짐작할 수 있겠다.

경주 불국사와 석굴암은 세계문화유산으로 지금도 우뚝하지만 일제강점기 일본인에게도 위대한 문화유산으로 평가되었다. 그래서 그 결과의 온전함을 차치하고 말하면, 두 유물의 보존과 보호에 열을 올렸다. 육사의 경주행은 이런 맥락에서 단순히 골동이나 호고 취미로 치부될 수 없다. 1939년 1월 경주 여행 당시 육사는 문우 신석초, 최영과 함께 백운교에 앉아 사진을 찍었다. 촬영 시기를 알 수 없는 다른 사진은 청운교, 백운교의 서쪽에서 두 다리를 뒷배경으로 찍었다. 이때는 큰형 이원기가 함께했다.

불국사는 '자연과 인공을 대비하면서 조화를 구한 절'로 우리나라 어느 사찰 건축보다 '독창적이고 독특한 건축'이다. 육사가 경주에서 남긴 두 장의 사진은 모두 불국사 청운교과 백운교를 배경으로 찍었다. 그런데 두

● 오른쪽이 육사, 가운데가 석초다. 왼쪽 사진과 비교해 보면 돌난간이 복원된 것을 확인할 수 있다.

사진의 청운교와 백운교에는 지금과 달리 돌난간이 없다. 1924년 일제가
대대적인 개수공사를 했지만 여기까지는 미치지 못했다.

> 경주로 간다고 해서 떠난 것은, 박물관을 한 달쯤 봐도 금관, 옥적,
> 봉덕종奉德鍾, 사사자砂獅子를 아무리 보아도 싫증이 날 까닭은 원체 없
> 다. (……) 옛 궁터에 서서 가을 석양에 머리칼을 날리며 동남으로 첨성
> 대를 굽어보면, 아테네의 원주보다도, 로마의 원형극장보다도 동양적
> 인 주란화각朱欄畵閣에 금대옥패金帶玉佩의 쟁쟁錚錚한 옛날 소리가 들리
> 지 않는가?

육사는 경주를 '나의 아테네'라고 썼다. 그는 첨성대를 포함한 경주를
왜 '내 자랑'이라고 했을까? 나라를 잃어 문화까지 강탈당한 식민지 지식
인의 마지막 자존심이었을까. 육사는 첨성대를 보며 '쟁쟁한 옛날 소리'를
들었다. 그것은 쟁쟁한 문화와 유구한 역사의 기억일 것이다.

● 경주 첨성대

「계절의 표정」에는 현재 경주의 주요 관광지가 망라돼 있다. 그런데 육사가 기록한 것 중 현재 그 위치가 달라진 유물과 공간이 있다. '박물관'과 '봉덕종'이다. 경주에 유물을 전시할 공간이 생긴 건 1913년이다. 1910년 출범한 '경주 신라회'는 3년 후 '경주 고적 보존회'로 정식 발족하는데 옛 객사 건물을 이용해 전시관을 열었다.

이곳은 신라 시대 유물을 전시하는 지역 박물관의 기능을 했다. 그러다 1921년 가을에 금관이 출토되면서 신라 유물에 대한 관심이 높아진다. 금관총 발굴과 조사를 계기로 경주 시민들은 금관고를 지어 보존과 전시를 동시에 할 수 있도록 했고 금관을 포함한 유물의 외지 반출을 막았다.

그러다 이곳은 1926년 조선총독부 박물관 경주 분관으로 편입된다. 조선총독부 박물관은 어떤 곳인가? 1915년 조선총독부는 조선 식민 지배 5

년의 성과를 선전한다며 조선물산공진회를 경복궁에서 개최한다. 이때 경복궁 내에 조선총독부 박물관을 개관했다. 그러니까 육사가 경주 여행을 한 1939년 당시 경주의 박물관은 지금의 국립경주박물관이 아니라 조선총독부 박물관 경주 분관이었다.

이곳은 현재 경주문화원으로 쓰이는데 경내의 향토사료관은 조선 후기 경주 관아의 부속 건물이었다. 이곳이 앞서 소개한 '경주 신라회'에 이은 '경주 고적 보존회' 당시 전시관으로 사용된 곳이다. 당시 온고각溫故閣이라 명명된 이곳은 국립경주박물관이 현재의 위치에 건립될 때까지 경주에서 신라 유물을 전시하는 주요 전시관 역할을 했다.

육사는 「계절의 표정」에서 '봉덕종'을 아무리 보아도 싫증이 날 까닭이 없다고 썼다. 그런데 육사는 이 종을 어디에서 보았을까? 봉덕종은 현재 국립경주박물관 뜰에 전시돼 있지만 1975년에 건립된 이곳을 육사가 방문했을 리 없다.

육사가 경주를 여행했을 당시 봉덕종, 우리에게 에밀레종으로 더 잘 알려진 성덕 대왕 신종은 조선총독부 박물관 경주 분관, 그러니까 지금의 경주문화원에 전시돼 있었다. 종은 옮겨 갔지만, 종을 매달았던 종각은 이곳에 남아 있다. 나는 이곳에서 석초가 쓴 「이육사의 추억」을 떠올린다. 짧은 글로 남은 두 사람의 경주 여행 추억이 손에 잡힐 듯하기 때문이다.

낙엽과 같이 꽃잎과 같이 산재해 있는 신라 천년의 유적들, 박물관에 수장되어 있는 아름다운 꿈의 파편과 같은 실물들, 일찍이 화려난만했던 동경東京의 갖가지 모습, 인공으로는 도저히 되었다고 볼 수 없는 신비스럽고도 공치工緻한 다보탑이며 석굴암 불상이며 저녁 연기에 떠오른 삭막한 고도의 풍경들

● 오른쪽이 봉덕종이 걸려 있던 종각이다.

을 마음껏 관상觀賞하였다. 우리는 이 무비한 고적에서 받은 각가지 인상과
감흥을 시로 쓰자고 약속하였다.

경주는 육사에게 여행지였을 뿐만 아니라 요양지이기도 했다. 육사는
경주 남산 옥룡암 요사채에 머물렀다. 현재 삼소헌三笑軒으로 이름이 바뀐
이곳의 작은 방에서 육사가 요양한 것이다. 다른 방에는 이식우라는 이
가 머물렀는데 그는 옥룡암 시절 육사에 관한 귀중한 증언을 한 사람이
다. 이식우는 훗날 한 기자에게 이렇게 증언했다. "1942년 무덥던 여름날
내가 쉬고 있던 경주 남산자락의 옥룡암에 홀연히 육사가 찾아왔습니다."
이식우는 육사의 유고시 「광야」와 「꽃」의 창작 배경에 대해서도 증언했
다. 그의 증언을 그대로 믿을 순 없지만, 병석에서도 꼿꼿했을 육사를 상
상하기엔 부족하지 않은 기록이다.

그의 시 「절정」에서 보는 바와 같은 타협이라곤 조금도 모르던 초강楚剛한 성

● 경주 옥룡암

격-서울서 피검되어 다시는 돌아오지 못할 길을 떠나게 된 북경으로 압송 도중 찻간에서 구상되었다는 「광야」에서 보는 바와 같은 민족 비분의 부르짖음 그러면서 해방을 예언한 듯한 암시-북경형무소에서 옥사하기 전에 쓰여진 유고 「꽃」에서 풍기어 나오는 무서운 그의 자랑, 꺾지 못할 높은 지조-바로 이러한 것이 그 인간에게서도 그대로 젖어 나왔던 것이다.

1942년 7월 초 옥룡암에 도착한 육사는 7월 10일 석초에게 엽서를 보낸다. "이 너르다는 천지에 진실로 내 하나만이 남아 있는 외로운 넋인 듯하다."고 썼으니 육사는 당시 무척 외로웠나 보다. 그리고 석초에게 피서를 할 겸 이곳으로 오라고, 그럼 경주 구경도 한 번 더 하면 좋겠다고 제안한다. 석초의 마음을 동하게 할 양이었는지 육사는 자신이 요양하러 왔다는

● 경주 남산 불곡 마애여래좌상

사실을 짐짓 잊고 "접동새가 울고 가면 내 생활도 한층 화려해질 수도 있다."고 썼다.

한 달 후 육사는 다시 석초에게 엽서를 보낸다. 여기에 육사가 쓴 시조가 실려 있다. "몇 번이나 시를 써보려고 애를 썼으나 아직 머리 정리되지 않아 못하었다."고 했는데, 그 사이 한 편을 얻었던가 보다.

뵈올까 바란 마음 그 마음 지난 바람
하루가 열흘같이 기약도 아득해라
바라다 지친 이 넋을 잠재울까 하노라
잠조차 없는 밤에 촉燭 태워 앉았으니
이별에 병든 몸이 나을 길 없오매라

저 달 상기 보고 가오니 때로 볼까 하노라

육사는 이때 옥룡암에서 한참 요양할 계획이었지만 '뜻밖의 일'로 급히 떠나게 된다. 맏형 이원기가 8월 24일에 세상을 떠난 것이다. 1941년 근대식 병원인 명동 성모병원에 입원하고도 호전을 보지 못해 깊은 산골로 정양 차 온 육사는 그렇게 또 요양의 기회를 놓친다. 그런 몸으로 반년 후 홀연히 베이징으로 떠난 육사의 뒷모습을 생각하면, 슬프다.

나는 옥룡암 바로 위 '경주 남산 탑곡 마애조상군', 일명 부처바위를 구경하고 불곡 마애여래좌상을 보기 위해 다른 골짜기를 올랐다. '온통 빼앗기고 쫓기던 삶을 살던 육사가 바위 속 부처님처럼 이곳 경주 남산에서 편히 요양할 수 있었으면 얼마나 좋았을까.' 하고 나는 생각했다. 그리고 유홍준 선생의 감실 부처님에 대한 헌사를 빌어 육사를 위로했다.

> 당신의 그 넉넉한 모습이 1,350여 년 동안 변함없이 여기 이 자리에 건재함으로 축하드렸다. 땅속에 깊이 뿌리를 내린 자연 암석을 깎았기에 어떤 도굴꾼도 당신을 겁탈하지 못하였고, 바위를 깎아 감실을 만들었기에 풍화의 시달림에서 벗어날 수 있었고, 관광의 대상에서 제외되어 사람의 손때를 입지 않았으니 어느 불상이 당신처럼 본모습 그대로를 유지하는, 상처받지 않은 행복이 있었겠느냐는 축복이었다.

감실 부처님까지 보고 나서야 나는 경주 남산을 내려왔다. 하지만 또 한 분의 경주 남산인이 내 머리를 떠나지 않았다. 매월당 김시습, 그가 자신의 정신적 지향점을 형상화하기 위해 지절志節과 은일隱逸의 상징인 매화로 시를 짓기 시작한 곳이 경주 남산이다. 활짝 핀 매화꽃은 갈고 닦은

학덕을, 매실의 쓸모는 세상의 쓰임을 상징한다는데, 매월당의 매화시에는 자신의 이상을 펼치지 못한 아쉬움도 깊이 배어 있다. 옥룡암 요양 당시 육사 또한 매월당과 다르지 않았다.

육사·석초 부여 여행

석초는 한 글에서 '우리 교유에 최고의 즐거움'을 '두 번의 고도古都 방문'이라고 했다. 1939년 육사가 석초를 초대해 함께한 경주 여행과 1940년 10월 석초가 육사를 초대해 동행한 부여 여행이 그것이다. 두 사람의 부여 여행은 두 편의 글과 한 장의 사진, 그리고 한 통의 엽서로 남아 있다. 그 파편을 모아 육사의 백제 역사 기행을 복원해 본다. 먼저 육사의 「고란」과 석초의 「이육사의 추억」에 요약된 부여 여행 일정이다.

> 석초石艸 형이 시골서 오라고 하였고, 가면 백제 고도인 부여 구경을 시켜준다는 것이었다. 그래서 먼저 서천으로 가서 석초 집에서 이삼 일을 지낸 후 부여로 가게 되었다. 첫날 박물관을 보고 (……) 다음날 백마강을 따라 올라 낙화암을 보고 고란사를 왔을 때 샘물을 마시게 되었고 그 절 중은 고란 이파리를 따서 물잔에 띄워주며 고란에 대하여 전설을 얘기하는 것이었다.

> 부여는 경주만큼 규모도 크지 못하고 화려했던 면영面影도 자취가 없지만 천여 년 전의 융성한 도읍이었던 만큼 매우 고도古都의 맛이 난다. 유리와 같이 맑고 푸른 사비수에 배를 띄어 단풍에 덮힌 고란사와 낙화암을 바라보며 부운浮雲에 싸인 황량한 풍치에 접했다.

● 현재의 사자루 앞으로 육사 선생을 모셨다.

육사는 부여 여행 중 부소산 정상 사자루泗泚樓 앞에서 독사진을 찍었다. 유일하게 찍은 사진은 아니겠으나 현재 전해진 것으론 유일한 것이다. 사자루는 원래 부소산에 있던 누각이 아니다. 1919년 당시 부여군수가 주도해 임천면 관아 정문을 이곳으로 옮겨 지었다. 이때 개산루皆山樓 현판을 사자루로 바꾸었는데, '泗泚樓'는 의친왕 이강의 친필이다. 편액 왼쪽에는 '己未仲夏기미중하', 즉 1919년 음력 5월이라고 쓰여 있다. 3.1만세운동이 전국을 휩쓸던 시기 의친왕이 이 글씨를 썼다는 뜻이다.

육사는 왜 사자루 앞에서 사진을 찍었을까? 경주 여행 때는 경주의 상징이라 할 불국사 백운교에서 사진을 찍었으니, 부여에서는 낙화암에서 기념사진을 찍는 게 자연스럽다. 배경이 되는 경치도 사자루보다는 낙화암이 빼어나다. 두 공간이 멀리 떨어져 있는 것도 아니다. 물론 낙화암에서 찍었던 사진이 현재 전해지지 않을 수도 있다. 그렇다고 해서 사자루를 배경으로 사진을 찍은 이유가 설명되진 않는다.

나는 육사가 사자루 앞에서 사진을 찍고 싶었던 이유를 곰곰이 생각해보았다. 육사는 당시와 과거의 이야기를 떠올렸을지 모른다. 사자루 편액을 쓴 의친왕 이강은 사자루 편액을 쓴 해 11월에 상하이 대한민국임시정부로 망명을 시도했다. 압록강은 건넜지만 단둥에서 발각돼 강제로 송환되었다.

그는 조선 왕실과 대한제국 황실 일원 중 거의 유일하게 항일 의지를 보인 인물이었다. 그가 망명 실패 후 상하이 임정에 보낸 편지에 육사가 감동한 것일까? "나는 차라리 자유 한국의 한 백성이 될지언정 일본 정부의 한 친왕^{親王}이 되기를 원치 않는다. (……) 임시정부에 참가하여 독립운동에 몸 바치기를 원한다." 육사는 이를 기념해 사자루 앞에서 사진을 찍었을까?

육사는 석초로부터 사자루 인근에서 발견된 백제 불상에 대해 들었을지도 모른다. 백제 말기의 이 불상은 매우 이채롭다. 광배 뒷면에 죽은 아내를 위해 금불상을 만들어 편안한 저승길을 기원했다는 뜻의 문장이 새겨져 있다. 1,300년 전 백제인의 간절한 소망이 불상을 통해 현재까지 전하듯, 잠시 국권을 잃었지만 문화는 영원히 지속된다는 사실을 육사는 기억하고 싶었을까?

육사는 첫날 '박물관'을 보고, 다음날 낙화암과 고란사를 구경했다고 했다. 그럼 육사가 방문한 박물관은 어딜까? 1940년 부여에 있었던 것이 지금의 국립부여박물관일 리 없다. 부여 사람들은 경주 사람들과 마찬가지로 1929년 부여 고적 보존회라는 모임을 만들어 백제 문화유산 보존에 힘썼다. 처음에는 정식 박물관이 없어 부소산 아래 조선 시대 관아 객사에

● 보물 제196호로 지정된 이 불상의 공식 명칭은 '금동정지원명석가여래삼존입상金銅鄭智遠銘釋迦如來三尊立像'이다.

유물을 전시했다.

그러던 이곳이 경주의 경우와 마찬가지로 1939년 4월 1일 조선총독부 박물관 부여 분관으로 편입된다. 일본의 옛 뿌리로서의 백제에 관한 일본 사람들의 관심이 깊었기 때문이란다. 그런데 조선총독부 박물관 부여 분관 이전 계획 문서를 검토해 보면 흥미로운 사실을 알 수 있다. 원래 위치보다 북서쪽 산기슭으로 조금 올라간 이전 예정지 옆에 '神宮外苑신궁외원'과 '神宮內苑신궁내원'이 확인된다. 애초 박물관 자리가 '신궁내원'으로 구획되면서 그 바깥쪽으로 박물관을 옮기려던 것이다.

그렇다. 부여에도 '신궁'이 있었다. 서울 남산의 '조선신궁'과 부여 부소산의 '부여신궁'은 일제가 세운 1,000개가 넘는 신사보다 급이 높은 신사였다. 서울 남산의 북서쪽 사면에 위치해 경복궁을 내려다보게 설계된 조

● 앞쪽이 육사가 보았을 전시관이고, 뒤쪽은 1993년 현재 국립부여박물관 자리로 이전하기 전까지 이용되었던 국립부여박물관이다.

선신궁처럼, 부여신궁도 백제 사비성이 있던 부소산의 남쪽 사면에서 부여 시내를 굽어보는 형국이다. 이는 당시 조선 총독 미나미 지로의 '내선일체'의 상징적 정책이었다.

　조선총독부의 기관지 『매일신보』의 학예부장이던 백철은 '부여신궁' 조성에 문화인을 내표해 근로봉사를 간다. 그리고 이 체험을 바탕으로 「내선유연內鮮由緣이 깊은 부소산성扶蘇山城」이라는 글을 발표한다. '부여신궁'이 들어설 부소산 동편이 과거 부여의 '궁중처宮中處'이기에 '내선內鮮의 연고緣故가 가장 깊었던 聖地성지'라는 것이다. 그는 또한 '부여신궁' 조성 공사에 조선 문화인들이 근로봉사한 것을 '문화계의 근래에 드문 장거壯擧'라고 썼다.

　백철이 『매일신보』에 취직한 건 일제의 사찰과 규제를 피하기 위한 '보

● 왼쪽 사진에 皐蘭寺고란사 편액이 확인된다.

호색'이라는 주장도 없진 않다. 그가 일본 유학 시절 KAPF에 대응되는 NAPF에 참여하고, 조선에서는 카프 관련 사건으로 투옥된 경험 등, 사회주의 계열 비평가로서 상당한 빈일 활동을 했다는 근거에서다. 그러나 자신의 본질을 감추려는 보호색이 어느덧 자신의 피부색이 되는 지경에 이르면 선의는 믿을 수 없다.

육사가 백마강이 접한 부소산성 석벽에 자리 잡은 고란사에서 의자왕과 궁녀의 아름다운 인연을 떠올릴 때 백철은 일본에서 건너와 고란사에서 수학했다던 일본의 세 처녀에 관한 전설을 떠벌린다. 이어지는 백철의 감격이다. "금일의 내선일체의 시국을 떠메고 내선문화인內鮮文化人이 일체가 되어 신궁어조영新宮御造營의 근로봉사에 참가하고 있다는 것은 얼마나 경하할 기연奇緣이리오."

1939년 4월에 조선총독부가 '부여신궁' 창립과 관련한 발표문을 내고 공사를 시작했으니, 1940년 10월에 부여를 여행하며 조선총독부 박물관 부여 분관과 부소산의 낙화암, 고란사를 여행한 육사는 그 현장을 보았을 것이다. 백제의 고도古都에 '내선일체의 정신적 고향'을 세우려는 일제의 폭거에 육사는 어떤 마음이었을까?

육사가 낙화암 아래 고란사에서 샘물을 마시려 할 때 스님이 고란 이파리를 물잔에 띄워 주며 전설을 이야기해 준다. 이 전설 때문에 육사는 부여의 유명 고적이나 역사보다 고란 푸른 이파리가 좀처럼 머리에서 떠나지 않는다고 했다. '왕과 궁녀 사이에 얼크러진 로맨스'는 어떤 내용일까?

의자왕이 고란사 샘물을 궁녀들에게 떠오라 명령하면, 궁녀들은 왕에게 보다 더 총애를 받기 위하여 일 분 동안이라도 빨리 떠오는 것이고, 시간이 거리에 비하여 너무 빠르면 왕은 궁녀들을 의심하는 것이었다. 그래서 반드시 고란사의 석벽 속에서 새어나오는 물을 떠오게 하고는 그 물에 고란 이파리를 띄워오라 명령하셨다.

그런데 육사가 이 글을 쓴 건 부여 여행 직후가 아니다. 1942년 12월 『매일신보 사진순보』에 발표된 이 글은 육사가 수유리 외삼촌 댁에서 요양할 때다. 외삼촌 집 바로 옆에 우물이 있었고 그곳에도 고란이 자랐던 것이다. 육사는 이 샘물에 고란 이파리를 따 넣어서 마셔 보았단다. 그러자 연이은 일제의 침략전생으로 고사하기 직전의 당시 조선 상황에 백제의 멸망이 포개져 연상된다.

"백제 마지막 임금님의 심경! 그 당일의 비극의 왕자로서의 데리케-트한 운명의 왕자를 대신하여 몇 번이나 비분도 하여 보았으나" 육사가 비분한 것이 어찌 천몇백 년 전의 역사만이었겠는가? 그래서 육사는 이렇게 덧붙인다. "연극이란 진실로 어려운 것이려니와 참다운 사실은 얼마나 어려운 것인가?"

전설에 따르면 고란사 약수를 한 잔 마시면 3년이 젊어지지만, 욕심 사납게 많이 마시면 안 된단다. 할아버지 한 분이 욕심이 넘쳐 여러 잔 마셨다가 소년이 돼 낭패를 본 일이 있었다는 우스갯소리도 전한다. 이런 고란을 보호하고자 약수터에 지붕을 설치했는데, 오히려 고란은 그후 사라졌다고 한다.

부여 여행 때 육사는 무량사에도 갔던가 보다. 육사는 최정희에게 보내는 엽서에 이렇게 썼다. "백제란 나라는 어디까지나 산문적이란 것을 말해 줍니다." 장식성이 강한 신라 문화의 화려함이 상징성이 강한 시와 닮았다면, '儉而不陋검이불루 華而不侈화이불치'로 요약되는 백제 문화의 질박함은 소박한 수필과 닮았다는 뜻일까.

그런 생각을 하며 나는 17세기에 제작되었다는 '무량사 동종'을 찾아 나섰다. 엽서에 "무량사無量寺만은 오늘 저녁에도 쇠북 소리가 그치지 않고 나겠지요."라는 구절이 있기 때문이다. 여기서 '쇠북'은 종을 가리킨다. 극락전 마당 한편의 범종이 육사가 본 쇠북인가 싶어 촬영한 후 가까이 가 보니 아무래도 400년 전 유물은 아닌 것 같았다.

종무소에 여쭤 보니 육사가 본 무량사 동종은 극락전 안에 보관되어 있단다. 처음 들어왔을 때 부처님께 건성건성 인사한 게 죄송해 다시 합장을 하고 극락전에 들어서니 왼편에 동종이 고이 모셔져 있었다. 생각했던 것보다 작았지만 동종을 유명하게 만든 고리, 여의주를 문 두 마리 용은 매우 정교했다.

육사가 무량사에서 보낸 엽서는 1954년 최정희의 공개로 세상에 알려졌다. 최정희 시인은 다음의 글을 덧붙였다. 그런데 육사가 부여를 여행한 게 1940년이고 베이징행을 감행한 게 1943년이니 최정희의 회고는 이 엽서와 직접 관련은 없다. 어쩌면 육사가 1943년 베이징으로 떠나기 직전

• 부여 무량사와 동종

두 사람이 나누었던 이야기의 일단을 밝힌 것일 수도 있겠다.

> 내 땅에 살기 어려워서 떠나겠노라고 하셨다. 그렇게 떠나셔서 다시 돌아
> 오시지 못한 채 남의 땅에서 세상을 떠나셨다. 돌아가신 지도 십 년이 훨씬
> 넘는다.

무량사는 2,000수가 넘는 시를 남긴 매월당 김시습이 입적한 곳이다. '오세동자'로 불린 시내의 천재, 세조의 왕위 찬탈을 온몸으로 부정했던 생육신, 평생 유랑과 은둔을 반복하며 유불선을 넘나들었던 김시습이 마지막에 은거하고 세상을 뜬 곳이 무량사다. 매월당은 「我生아생」이라는 시에서 사후 자신이 이렇게 평가되기를 바랐다.

> 나 죽은 뒤 내 무덤에 표할 적에
> 꿈꾸다 죽은 늙은이라 써준다면

나의 마음 잘 이해했다 할 것이니

품은 뜻을 천 년 뒤에 알아주리

'꿈꾸다 죽은 늙은이'와 '살아 꿈꾸는 청년'이 조우한 무량사는 내게도 특별했다. 매월당과 육사의 시심詩心에야 미치지 못하겠으나 오후 햇살이 좋은 때 보았던 무량사 초입의 일주문 편액이 이채로웠기 때문이다. 한반도 모양 안에 '一切唯心造일체유심조'가 새겨진 두인頭印이다. 이는 김찬균이라는 서예가가 애용한 것으로, 두인은 글씨를 쓰는 이의 마음가짐을 함축하고 응축해 보여 준다. 전하는 말에 따르면 그는 조국의 광복과 통일을 기원하며 평생 이 두인을 즐겨 썼다고 한다.

사실 육사의 부여 여행은 서천에서 시작되었다. 육사도 밝히고 있듯 석초가 아버지 환갑을 맞아 그를 초대했기 때문이다. 나는 석초의 생가도 찾아보았다. 부여에서 그리 멀지 않았지만 그의 흔적은 희미했다. 마을 어르신의 도움으로 겨우 집터 표지석은 찾았지만 묘소 위치는 짐작조차 되지 않았다.

마을 뒷산 산등성이에 묘를 썼다는 정보만 가지고 규모 있게 조성한 묘지를 확인하기 시작했다. 염려했던 것보단 쉽게 묘소를 찾았지만 찾는 이가 거의 없는지 풀이 웃자라 있었다. 묘지 옆으로는 「天池천지」 시비가 세워져 있다기보다는 누워 있었다. 여러 가지로 낯선 답사였다.

나는 부여에서 서천으로 가는 길에 석초의 시비를 찾았지만 실패했다. 서천의 대표적 토산품인 모시를 모티프로 한 '한산모시전시관' 내에 석초의 시비가 있다는데 그곳에 근무하는 분들도 위치를 알지 못했다. 그런데 직원 한 분이 지역 역사를 잘 알고 있는 지인에게 연락해 정확한 위치를

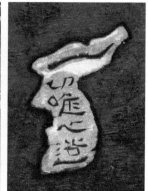

• 무량사 일주문

알려 주었다.

　전시관을 나와 서천 방향으로 길을 잡으면 몇백 미터 못미처 나지막한 언덕을 만난다. 언덕을 넘기 전 오른쪽 이름 없는 공원에 「꽃잎絶句^{절구}」 시비가 서 있었다. 큰길가라 찾아오는 사람보다는 스치듯 지나는 차가 훨씬 많았다. 이래저래 쓸쓸한 답삿길이었다.

● 왼쪽 아래가 묘소 옆 「天池천지」 시비이고, 오른쪽 아래가 「꽃잎絶句절구」 시비다.

5 장

원록으로 태어나
육사로 묻히다

안동

형상할 수 없는 한 개의 자랑

육사는 당시의 유습대로 비교적 이른 나이에 고향에서 결혼하고 근대 학문을 접하기 위해 고향을 떠났다. 이후 육사는 제사 등의 대소사로 고향을 찾았을 뿐 다시는 고향으로 돌아가지 못했다. 그래서 고향은 육사에게 늘 그리운 곳이었고, 그래서 가지 못하는 고향과 추억 속의 어린 시절을 글로 많이 남겼다.

　육사의 고향 원촌은 배산임수背山臨水의 전형을 보여 준다. 청량산 앞으로 우뚝 솟은 왕모산은 원촌을 동쪽에서 든든히 에워싸고, 야트막한 쌍봉은 서쪽에서 마을을 부드럽게 감싼다. 왕모산 아래를 굽어 흐르는 낙동강은 원촌 앞을 휘돌아 가며 쌍봉 바깥으로 흘러 나간다.

● 왕모산

> 내 동리 동편에 왕모성王母城이라고, 고려 공민왕이 그 모후를 모시고
> 몽진하신 옛 성터로서 아직도 성지城址가 있지마는, 대개 우리 동리에
> 해가 뜰 때는 이 성 위에서 뜨는 것이었고, 해가 지는 곳은 쌍봉雙峯이
> 라는 전혀 수정암으로 된 두 봉이 있어서 그 사이로 해가 넘어가는 것
> 이었는데, (……)

육사가 자신의 수필에서 묘사한 왕모산과 쌍봉은 지금도 육사 답사지
로 유용하다. 왕모산의 칼선대는 「절정」의 시상지로, 쌍봉의 윷판대는
「광야」 시상지로 조성되었기 때문이다. 전자는 경성에 살던 시절인 1940
년에 발표되었고, 후자는 유작이니 16살 때 고향을 떠난 육사가 이곳에서
시상을 일구었다는 뜻은 아닐 것이다. 다만 늘 타지와 타국을 떠돌며 쫓

● 쌍봉

기듯 살았던 육사가, 정처 없는 마음일 때 떠올렸을 고향이 문학의 원천
이었음을 기억하려는 의도이리라.

칼선대 아래 서면 "하늘도 그만 지쳐 끝난 고원 / 서릿발 칼날진 그 위"
라는 「절정」의 시구가 자연스레 연상된다. 어린 원록에게 이 깎아지른 듯
한 절벽은 분명 그렇게 보였을 것이다. 왕모산을 오르는 등산로를 따라가
면 칼선대 위에 설 수도 있다. 그야말로 '한발 제겨디딜 곳조차 없'는 곳이
다.

육사는 이곳에 올라와 봤을까? 칼선대에 올라 멀리 보이는 자기 동네
를 바라보았을까? 「절정」에 겨울이 등장하기에 나는 왕모산 아래 낙동강
이 꽁꽁 얼었을 때 칼선대를 찾기도 했다. 그리고 칼선대 위에 서 칼바람
을 맞으며 아득히 먼 곳을 바라보는 육사의 뒷모습을 그려보았다.

윷판대에서 내려다보는 원촌리 전경 또한 어린 원록에겐 "부지런한 계절이 피어선 지고 / 큰 강물이 비로소 길"을 여는 광야로 보였을 것 같다. 하지만 원록이 윷판대에 올라 마을 앞 들판을 광활하면서도 황량한 벌판으로 바라보았을 것 같진 않다. 오히려 어린 원록은 쌍봉 꼭대기에 있는 자연석 윷판, 평평한 바위에 홈을 파 윷놀이하던 곳을 마냥 신기하게 둘러보지 않았을까.

위에 인용한 글 다음에 곧바로 낙동강 이야기가 나온다. 육사는 강가에 지천인 조각돌 중에서 집 화단에 갖다 놓을 '괴석'을 고르며 낙동강 강물 소리를 들었노라며 회상했다. 봄날 새벽과 여름 홍수가 날 때, 그리고 서늘한 가을에 들리는 강물 소리는 다 제각각이었지만 '천병만마를 달리는 형세'로 강물은 자꾸만 흘러갔다고 썼다. 육사는 「은하수」에서 어린 마음에도 '지상에는 낙동강이 제일 좋은 강'이라 생각해 '형상할 수 없는 한 개의 자랑'을 느끼곤 했다고 적었다. 그런데 나는 우연히 낙동강과 인근 마을을 생생하게 묘사한 시를 발견했다.

우리 집은 맑은 낙동강 옆
화락하고 한가로운 마을
이웃은 모두 봄 농사 나가고
닭과 개가 울타리를 지키네
고요한 책상엔 서책이 쌓여 있고
봄 안개는 강과 들을 비추리
시냇물엔 물고기와 새들
소나무 아래엔 학과 잔나비
즐거우리 산골 사람들

● 칼선대

어딘가 익숙한 육사의 시 혹은 수필 같다. 그러나 이 작품은 퇴계의 「感春감춘」 일부다. 관직으로 서울살이를 하던 때 고향을 그리워하며 쓴 시다. 육사가 묘사한 고향과 놀랍도록 닮았다. 고향 원촌의 '프라이드'로 왕모산·쌍봉·낙동강을 꼽은 건 육사의 동생 이원조도 마찬가지였다.

낙동강 칠백리 허구 많은 굽이에서도 깎아 세운 듯한 왕모성 뿌리를 씻쳐 쌍봉 그림자를 감도는 사이에 패어진 작은 한 갈피가, 아직도 내 어린 기억을 자아내는 나의 고향이다. (……) 우리 마을은 강가이면서도 강촌과 같이 비리鄙俚하지 않았던 것이 나의 고향에 대한 한 개의 프라이드이다.

누가 그렇지 않겠는가만 육사는 늘 고향을 그리워했던 것 같다. 육사는 술에 취해도 평소와 다르지 않았다는데, 고향과 관련해서는 다소 허튼소리도 했다는 기록이 있다. 육사는 눈 오는 밤 소주를 마시며 향수에 젖어 이렇게 말했다고 한다. "우리 고향에 갈까?" 뜬금없는 말에 친구가 "고향에?"라고 반문하면, "안동소주 맛이 제일이야! 바로 그곳이 내 고향이야."라며 육사가 고향을 그리워하더란다.

눈물을 흘리지 않는 사람이 되라

육사는 고향 정경뿐만 아니라 고향에서의 어린 시절도 수필에 적잖게 기록했다. 육사의 수필을 꼼꼼하게 읽고 드라마 「절정」을 보면 드라마의 상당 부분이 육사의 수필을 그대로, 혹은 변용했음을 알 수 있다.

현재 육사의 고향에는 생가가 없다. 이육사문학관 옆에 六友堂^{육우당}이 복원돼 있을 뿐이다. 한 장의 흑백 사진과 함께 남은 건 육사의 기록이다. 육사는 크진 않아도 '허무히 작지 않은 화단'이 집에 있었다고 했다. 봄이 되면 화단을 가꾸느라 바빴단다. "깍지로 긁고 호미로 매고 씨갑씨를 뿌리고 총생이를 옮겨 심고 적당한 거름도 주었다."

고향에 대한 그리움은 곧 어머니에 대한 그리움이기도 하다. 아들 6형제를 키웠던 허길 여사는 눈이 성할 날이 없었단다. 개구쟁이 아이들을 혼내려고 해도 어른들이 계셔 맘대로 큰소리를 낼 수 없었기 때문이다. 어린 아들들에게 눈총을 하도 자주 쏘다 보니 눈이 짓무를 정도였단다. 어머니에 대한 그리움은 동생 원조가 쓴 시조로 살핀다.

내마음 빚어내어 어머니 정 알까하야

책상 앞 고개 수겨 곰곰이 생각하나

어떤 줄 모를 넓히가 어머닌가 하노라

(……)

말로 일로 길러주심 그것조차 다 모르나

말없이 사랑하심 더 얼마나 많으신고

제 몸이 외로워 가니 더욱 생각납네다

　육사는 손톱 깎는 이야기라는 뜻의 「전조기剪爪記」에서 어머니와의 추억을 떠올린다. 태어난 지 백일쯤 되었을 때 손톱으로 자신의 얼굴을 마구 긁어 자지러지게 울었을 때 어머니가 처음 손톱을 깎아 주었단다. 그리고 정겨운 광경이 이어 묘사된다.

　봄철이 오면 어머니는 우리 형제를 차례로 불러 툇마루 양지쪽에 앉히고 손톱을 잘라 주시고 머리도 빗기고 귀도 후벼 주셨으며, 이것도 내 나이 여섯 살 때 소학을 배우고는 이런 일의 한 반은 할아버님께 이관移管이 되었다.

　육사의 어린 시절 추억은 자연스럽게 할아버지로 옮겨 간다. 나는 「은하수」에 묘사된 '별의 전설에 대한 강의'를 제일 좋아한다. 육사의 할아버지는 깨끗하게 개인 밤에 올망졸망 모여앉은 손자들에게 별 이름을 가르쳐 주었단다. 그것은 '삼태성이 우리 화단의 동편 옥매화 나무 위에 비칠 때', 곧 첫닭이 울 때까지 이어졌다.

　삼태성은 북두칠성 아래 세 쌍의 별을 이른다. 왕모산과 쌍봉 사이로 까마득히 높게 떠 있었을 북두칠성을 보고 어린 원록은 무슨 생각을 했을

• 복원된 육우당과 六友堂遺墟址碑육우당유허지비

까? 자신이 '陸史'가 되어 항일투쟁과 우리 현대문학사의 북두성이 되리라고 짐작이나 했을까?

그래서 나는 안동 답사 때마다 밤이 이슥하도록 동행과 술을 마시며 별보기를 즐긴다. 그곳이 육사 생가 옆 옥비 여사 거처인 목재 고택 누마루이니 더할 나위 없다. 육사처럼 별 이야기를 해줄 할아버지는 안 계시지만 우리는 육사의 이야기로도 날을 새우곤 했다.

어린 시절 육사는 아주 맹랑했던 것 같다. 할아버지가 그렇게 증언하고 있다. 육사의 고향 원촌은 지금도 안동 시내에서 차로 한 시간 정도 들어가야 하는 오지다. 퇴계의 묘소가 언덕 하나 너머에 있고, 거기서 조금 더 걸으면 퇴계 종택이 자리하고 있으니 육사가 어렸을 때만 해도 전통적 생활상이 많이 남아 있었던가 보다.

육사는 저녁을 먹고는 거리를 쏘다니며 큰 소리로 고시를 낭송했다고 한다. 당시로선 그것이 괴이하게 여겨지지 않았기 때문이란다. 여기에는 아마도 할아버지에게 인정받고 싶은 아이다운 욕심도 있었던 것 같다. 다른 기록에 의하면 육사는 그림에서도 서예에서도 늘 다른 형제보다 못했다. "명랑한 목소리로 잘만 외이면 큰사랑 마루에서 손들과 바둑이나 두시던 할아버지께선 '저놈은 맹랑한 놈이야.' 하시면서 좋아하시는 눈치였다."

나는 드라마 「절정」에 어린 원록이 강가에서 흰말을 쓰다듬는 장면을 보고 과장이 심하다고 생각했다. 「광야」의 '백마 타고 오는 초인'을 염두에 둔 건 알겠지만, 어린 시절 말을 탔다는 설정은 지나치다고 생각한 것이다. 그러다 육사의 수필을 꼼꼼하게 읽던 중 내 무심함을 탓했다.

육사는 어린 시절 공부만 한 게 아니라 "요즘같이 '스포츠'란 이름이 없을 뿐이었지 체육에도 절대로 등한히 한 것은 아니었다."고 한다. 육사는 "강가에 가서 목욕을 하고 석양에는 말을 타고 달렸다."고 쓰고 있다. 아마 어른들의 이동 수단으로 말이 여전히 쓰이고 있었고, 어린아이도 언제든 말을 타는 게 당시에는 자연스러운 일이었나 보다.

육사의 할아버지는 자상한 할배이기도 했지만 엄격한 훈장이기도 했다. 어린 시절 육사는 집에서 한학을 배웠다. 그래서인지 육사의 수필에는 공부 경험이 많이 보인다. 1900년대 초기 전통적인 사대부 집안의 가학家學 광경을 육사의 경험으로 살필 수 있을 정도다.

공부에 관한 최초의 기록은 육사 나이 일곱 살 때다. "내 나이가 칠팔 세쯤 되었을 때, 여름이 되면 낮으로 어느 날이나 오전 열 시쯤이나 열한 시경엔 집안 소년들과 함께 모여서 글을 짓는 것이 일과이었다." 원록이 배운 건 당연히 근대 학문이 아니고 '오언고풍五言古風이나 좀도둑을 해보는 것'이었다. 중년의 육사는 "그래도 그때는 그것만 잘하면 하는 생각에 당당히 열심을 다했노라."고 추억했다.

나이가 조금 더 든 10살 무렵에는 '책과 씨름'을 하느라 밤을 새우기도

● 퇴계 종택

했다. 그렇게 공부를 하다가 창을 열면 하늘에는 무서리가 내리고 삼태성
이 은하수를 막 건너가고, 먼 곳에선 닭 우는 소리가 들리곤 했단다. 나는
이 글을 읽으며, 누구나 그렇겠지만 「광야」를 떠올렸다. 이렇듯 육사의
시에는 어린 시절 경험이 산문으로 소환되고 이것이 다시 운문으로 응축
된 듯한 시구가 적지 않다.

　육사는 어린 시절 꼬박 밤새우며 공부하던 때 창밖으로 보았던 아름다
운 은하수를 성인이 된 후 잃어 버렸다고 탄식했다. 그러나 그다음 이어
지는 문장이 더 가슴 아프다. 「은하수」를 발표한 1940년은 제2차 세계대
전과 태평양전쟁의 중간으로 조선은 일제의 미친 전쟁놀이에 병참기지
로 전락했다. 동포들은 생존 자체를 위협받으며 모든 것을 잃어 버린 때
였다.

이렇게 나의 소년 시절에 정들인 그 은하수였건마는, 오늘날 내 슬픔만이 헛되이 장성하는 동안에 나는 그만 그 사랑하는 나의 은하수를 잃어버렸다. 딴에야 내가 잃어버린 게 어찌 은하수뿐이리오.

육사가 어린 시절 추억으로 가장 먼저 소환한 건 세 살 때의 '평생의 처음 되는 여행'이다. 어느 가을 동네에 큰 변란으로 마을 사람들이 모두 피난을 갔단다. 그때 원록도 하인 돌이의 등에 업혀 피난을 갔다는 것이다. 무슨 일이 있었던 것일까?

1904년생인 육사가 세 살이면 1907년이다. 1907년이면 정미의병이 봉기한 때로 1894년 갑오의병에 이은 두 번째 의병 봉기였다. 이때 퇴계 후손들은 직접 의병장으로 나서거나 의병 활동을 간접 지원했다. 그에 대한 보복으로 일본군은 퇴계 종택을 불태워 버린다. 1896년 방화에 이은 두 번째 보복이었다.

퇴계 종택은 육사의 고향 원촌에서 야트막한 고개만 넘으면 바로 보인다. 퇴계 종택이 불탔으니 아닌 게 아니라 안동 사람들에게 그보다 더 큰 변란은 없었으리라. 육사는 이때를 눈물을 흘리지 않는 사람이 되라고 배워온 것이 세 살 때부터 버릇이었다고 담담하지만 단단하게 기록하고 있다.

그리고 3년 후 경술국치를 당한다. 이번에는 더 참혹한 일이 생긴다. 고개 너머 하계마을에 사시던 향산 할배가 순국한 것이다. 향산 이만도는 육사에게 증조할아버지 항렬이다. 24일 동안 곡기를 끊고 목숨을 버렸던 향산에 이어 동은 이중언 할배까지 단식 27일째 되는 날 순국한다.

육사의 할아버지 이중직은 향산이 단식하던 때 안부 차 하룻밤을 보내고 온 적이 있다. 이때 향산은 조카뻘 되는 이중직에게 진성 이씨 가문 족보 정비를 부탁했다고 한다. 나라를 잃고 집안의 어른을 잃은 치헌공 이중직은 자기 나름의 '죽음'을 선택한다. 자신의 신분과 경제적 기반을 포기한 것이다. 하인에게 이렇게 말하고 면천시켰다고 한다. "내가 군주 없는 몸이 되었는데, 어찌 너희에게 상전이라는 소리를 듣겠는가."

나라가 망하고 5년 후 육사의 외할아버지 범산 허형과 외삼촌 일창 허발은 만주로 망명한다. 육사는 어머니로부터 이 이야기를 전해 들었을까? 다음 해인 1916년에는 육사의 어린 시절 가장 큰 버팀목이었던 할아버지가 세상을 떠난다. 고향에서의 유년 시절도 그렇게 막을 내렸다.

세월은 십이 세의 소년으로 하여금 그 인재에 대한 연연한 마음을 팽개치게 하였으니, 내가 배우던 중용·대학은 물리니 화학이니 하는 것으로 바뀌고 하는 동안 그야말로 살풍경의 십 년이 지나갔다.

초딩 육사와 3.1운동

육사가 최초로 받은 교육은 앞서 이야기했던 대로 집안 또래들과의 가학이었다. 이때 스승은 할아버지였다. 그리고 교과서는 사서삼경으로 요약되는 유학 경전이었다. 하지만 경서만 읽었던 건 아니다. 육사는 '여름 한철 동안은 경서는 읽지 않고 (……) 『고문진보』나 『팔대가』를 읽는 사람'도 있었다고 했다.

『고문진보』는 송나라 때까지의 시문을 엮은 책이고, 『팔대가』는 『당송팔대가문초』 중 산문만을 뽑아 따로 편집한 책이다. 육사는 유교 경전을 해설한 경학뿐만 아니라 동아시아 고전문학의 정수라 할 당송 시기의 문학, 즉 시와 문장도 폭넓게 읽었던 것으로 보인다.

● 보문의숙─도산공립보통학교를 잇는 '陶山國民學校도산국민학교'도 표지석으로만 남았다.

　다음으로 육사가 교육을 받은 곳은 보문의숙이다. 이곳은 진성 이씨 문
중학교이자 도산서원의 재산을 기반으로 한 서원 학교였다. 또한 안동의
근대 교육을 이끌었던 신식 교육 학교로 훗날 도산공립보통학교로 개편
된다. 보문의숙은 육사의 고향 원촌에서 고개만 하나 넘으면 바로 닿는
하계의 계남 고택에서 문을 열었다. 그러다 1916년에 학교 건물을 신축하
고 이전해 도산공립보통학교가 된다. 육사는 보문의숙이 도산공립보통
학교로 개편한 전후에 입학해 1919년 혹은 다음 해에 졸업한 것으로 보인
다.

　나는 육사가 도산공립보통학교 재학 당시 기록을 남기지 않은 것이 무
척 아쉽다. 왜냐하면 그가 도산공립보통학교 재학 중 3.1운동을 맞았을 가
능성이 매우 높기 때문이다. 육사가 도산공립보통학교를 1919년 1회로 졸

● 下溪하계마을獨立運動紀蹟碑독립운동기적비

업했다는 증언과 1920년에 졸업했다는 기록이 있다. 그러나 1911년 공포된 조선교육령에 의해 일본식으로 개편된 학제에 따르면 육사가 1919년에 졸업했다 하더라도 도산공립보통학교 학생 신분으로 3.1운동을 맞았을 게 틀림없다. 4월에 학기를 시작하는 일본 학제는 3월 말에 졸업식을 하기 때문이다.

육사는 이 거국적 민족 저항운동 때 어디에 있었을까? 고향 원촌이 시골이라 만세운동 소식을 듣지 못했을까? 결코 그렇지 않다. 육사의 고향 마을에서 멀지 않은 안동 예안면에서는 1919년 3월 17일에 1차 시위가 일어난다. 이때 도산공립보통학교 학생도 참여한 것으로 확인된다. 이어진 도산면 시위에도 도산공립보통학교 출신들은 학생을 규합해 참여했다.

육사는 3.1만세운동 소식을 모를 수가 없었을 것이다. 왜냐하면 향산 할

배의 순국 이후 또 하나의 큰 변란이 이때 있었기 때문이다. 향산의 며느리 김락 여사가 시위에 참여했다가 체포되는데 극심한 고문으로 실명하기에 이른다. 김락 여사의 친정 큰오빠는 자신의 집을 안동 최초의 근대 교육 기관인 협동학교에 내주고 서간도로 망명한 백하 김대락이다.

김대락 일가와 함께 서간도로 망명해 경학사 초대 사장으로 일하고 훗날 대한민국임시정부 국무령에 오른 석주 이상룡은 김락 여사의 맏형부다. 석주의 손주며느리 허은 여사는 육사 형제의 외사촌 누이다. 경악스러울 정도로 촘촘하게 이어진 안동의 인맥과 학맥을 고려할 때 15세의 육사가 김락 여사의 비통한 소식과 만세운동을 모를 리 없었을 것이다.

육 사 의
두 뿌 리

말도 아니고 글도 아닌 무서운 규모

육사는 한 수필에서 '말도 아니고 글도 아닌 무서운 규모'가 자기를 포함한 6형제를 키웠다고 했는데, 이때 '무서운 규모'는 퇴계의 후손으로서 감당해야 했을 엄격한 가풍을 의미하리라. 하지만 500년 전 어른인 퇴계로부터 육사의 삶을 유추하는 건 무리다.

퇴계가 500여 년 후 육사에게도 영향을 미쳤을까 의구심이 들 때 흥미로운 기록을 접하긴 했다. 신석초에 따르면 영남 친구들은 육사를 '선생 댁 자제'로 대우를 했단다. 먼 친척 동생이자 후배인 이병각은 이런 전통에 매우 저항적이어서 이렇게 비꼬기도 했단다. "늬, 조상 뼈다귀 작작 팔아묵어라. 퇴계 뼈다귀가 앙상하겠구나." 싫든 좋든 육사는 퇴계의 후손이라는 사실을 인식하지 않을 수 없었겠다.

그럼 누가 육사의 당대 삶에 강렬한 인상과 영향을 주었을까? 내가 생각하기엔 향산 이만도다. 향산은 할아버지, 아버지에 이어 3대가 문과에 급제한 명문가 후손이었다. 그리고 향산을 이어 아들 이중업과 손자 이동흠·이종흠이 모두 독립운동에 헌신했다. 즉 향산은 전통적 성리학의 명분과 의리를 근대적 민족국가에서의 충의로 계승했다. 적어도 향산 집안은 성리학의 교조화와 형해화로 인한 폐단에 빠지지 않았다. 이는 육사를 비롯한 식민지 청년에게 매우 중요한 의미가 있다.

퇴계로 상징되는 전통은 육사에게 양가적 의미가 있다. 선비정신으로 통칭되는 정신적 유산과 식민지와 근대화로 인한 자기 세계의 붕괴다. 그런데 향산은 고통으로서 후자의 유산을 극복할 전형을 제시했다. 의병을 통한 구국투쟁과 학교 설립을 통한 근대국가로의 전환 시도, 그리고 이것이 불가능해졌을 때 기꺼이 감내한 순국까지.

향산 이만도는 나라가 망한 직후인 1910년 9월 17일부터 단식을 시작해 10월 10일에 순국한다. 그런데 나는 향산 선생 순국비를 찾았을 때 의아했다. 순국비가 선 곳이 선생의 고택에서도, 낙향 후 은거한 백동서당 자리에서도 한참 떨어진 곳이었기 때문이다.

선생이 살던 하계마을에서 1시간 남짓 차로 가야 '響山李先生殉國遺墟碑향산이선생순국유허비'가 선 향산공원에 도착한다. 선생이 이곳까지 와 순국을 한 이유가 뭘까? 단식으로 순국을 결심한 향산은 임종을 자택에서 '편안하게' 누릴 수 없다고 생각했다. 객사客死하기로 결심한 것이다. 자신은 만고의 죄인이기 때문이다. 단식 중에 폐위된 황제에게 올린 유소遺疏에 있는 내용이다. 봉화 재산才山으로 향하던 향산은 율리 청구동의 재종손 이강호의 집에서 단식을 결행했다.

나는 향산의 이러한 자기 엄격성에 기가 질렸다. 향산이야말로 진정한

● 향산공원 響山李先生殉國遺墟碑

의미의 보수주의자인 것이다. 향산의 묘갈명은 의병장 출신인 기우만이 썼다. 이 글은 육사에게 전해진 '무서운 규모'의 실체를 명확하게 보여 준다.

조선이 한창 융성하자 퇴계 선생께서 도학으로 한 차례 문명의 운세를 열어 나라가 다스려지게 하더니, 나라가 망하자 향산 선생이 절의로 만세토록 내려오는 강상綱常의 중요함을 붙드셨다. 대체로 도학과 절의는 다른 길이면서도 하나로 모아지고, 일이야 다르지만 공로는 한 가지여서 하늘과 땅 사이에 하루라도 없어서는 안 되는 것이다.

육사가 단 한 번의 타협 없이 극한의 고통을 감내하며 일생을 살아간 건 이런 어른들 영향 때문이리라. 그래서였을까. 해방 후 백범은 안동을

● 왼쪽 하단 '安東안동 金九김구 謹書근서'가 확인된다.

찾았을 때 이 비석의 글씨를 쓴다. 그리고 향산 선생의 당부를 어기고 기어이 '先生' 두 글자를 써 선생을 기렸다.

　그런데 하계마을 어른의 순국이 향산의 24일로 끝난 게 아니다. 하계마을에서 향산과 같이 태어나고 자라 함께 가학을 계승한 동은 이중언이 향산 순국날에 단식을 시작한다. 그는 향산과 함께 선성의진에 참여하고 을사오적 처단 상소문을 올린 지사였다. 이중언 선생은 27일 단식 끝에 향산의 뒤를 따랐다. 동은 선생이 단식 12일째 되는 날 남긴 술회사述懷詞다.

　　가슴에 품은 칼날 같은 마음,

　　그 누가 이를 풀 수 있으랴.

　　하늘마저 이미 끝나고 말았으니,

죽지 않고 또 무엇을 하리.
내가 죽지 않고 있으니,
향산옹이 빨리 오라 재촉하네.

향산으로 시작해 동은으로 이어진 단식 50일 동안 하계마을은 어떠했을까? 그리고 고개 하나 넘어 육사의 고향 원촌은 또 어땠을까? 어린 육사는 하계마을 초입의 '하계마을독립운동기적비'에 적힌 조선 선비의 삶과 정신을 어렴풋하게나마 짐작하고 마음에 새겼으리라. "우리 역사 오천 년에 가장 우리다운 것은 선비의 삶이다. 선비는 누구나 추구하는 인간상으로 글과 도덕을 존중하고 의리와 범절을 세워 살아가는 모든 이를 말한다."

향산이 단식하고 있을 때 제자 벽산 김도현이 찾아온다. 스승을 따르겠다는 제자를 스승은 부모님이 살아 계시는데 자식이 먼저 죽는 것은 불효라며 만류한다. 스승이 세상을 떠나고 4년 후 부모님도 돌아가시자 벽산은 더 이상 살 이유를 찾지 못한다. 벽산은 1914년 12월 18일에 손자에게 유언을 남긴다. "늦게 죽는 몸이 어디에서 죽겠는가. 나라는 망하여 남은 땅이 없구나." 그래서 선생은 닷새 후 영해 바다로 걸어 들어가 순절한다. 선생의 절명시다.

오백 년 왕조 끝에 어이 태어나,
붉은 의분의 피 가슴 가득하네.
중년의 의병 투쟁 십구 년에,
머리칼은 늙어 서리 앉았구나.
나라 망하니 눈물 그치지 않고,

● 영해 도해단蹈海壇

어버이 여의니 마음 더욱 아프네.

머나먼 바다가 보고팠는데,

이레가 마침 동지로구나.

홀로 서니 옛 신민 푸르고,

아무리 헤아려도 도리가 없네.

희고 흰 저 천길 물속만이,

내 한 몸 넉넉히 감출 만하네.

    김도현 선생 순국비가 있는 영해 도해단을 찾았을 때다. 먼 길을 온 만
큼 마음이 급해 절명시가 새겨진 비석을 찍자마자 도해단에 올랐다. 비각

안에는 春秋大義^{춘추대의}가 세로로 새겨져 있었다. 그런데 느낌이 이상했다. 설마 '다카키체'인가, 불안은 곧 확인되었다. 大統領^{대통령} 朴正熙^{박정희}.

한겨울 영해 바다는 김도현 선생이 바다에 몸을 던져 순국하던 때처럼 추웠다. 내 마음도 차갑게 가라앉았다. 해방 후 우리 민족이 겪었던 신산한 세월이 이 순국비에서도 읽혔다. 괴뢰 만주국 장교 출신 대통령에 의해 순국비가 세워지기 전까지 우리는 과연 무엇을 했던가.

물이 배를 띄워 가게 한다

퇴계와 향산으로 상징되는 친가에 비해 육사 외가의 항일투쟁은 상대적으로 덜 알려졌다. 하지만 구한말과 망국 시기 구국 투쟁에 있어 육사의 외가는 친가와 방불하다. 이는 육사 친가 쪽에서도 인정하는 바이다. 다음은 육사의 조카 이동영의 글이다.

> (육사의) 어머니는 선산군 구미읍 임은동의 유학자 허형의 따님으로 허형은 의병대장 왕산 허위와 사촌간이다. 또한 육사의 외숙부인 일창 허발, 일헌 허규 두 분이 항일지사로 일헌은 춘천형무소에서 십사 년간이나 복역하였다. 이리하여 육사의 광복 운동 역시 외가의 영향이 컸던 것이라 하겠다.

나는 이 글에 열거된 육사 외가의 어른 한 분 한 분 공부하고 내 역량이 닿는 대로 답사했다. 내가 가장 먼저 찾은 곳은 육사의 외가가 대대로 살던 고장인 구미다. 이곳은 옛 선산으로 조선 중기 전에는 영남 사림의 중심지였단다. 그래서 '조선 인재 반은 영남, 영남 인재 반은 선산'이라는 말이 전해온다.

● 구미 '왕산허위선생기념공원'에 세워진 왕산 동상이다.

육사의 외가에서 구국운동의 대표 인물은 왕산 허위다. 왕산은 구한말 대표적인 의병인 을미의병과 정미의병에 모두 기의했다. 을미의병 당시 일제는 왕산을 대한제국 '제1의 활동가'로, 정미의병 당시는 경기도 의병의 '총수괴'로 기록했다.

왕산은 두 의병 활동기 사이에 대한제국 고위 관료로서도 활약했다. 평리원 판사 때는 재판을 "공평하고 분명하게 판결해 칭송이 자자하다."는 평을 들었다. 그리고 의정부 참찬 재임 시 일본 헌병대에 4개월 이상 체포되었을 때는 일제의 만행을 규탄하는 데 주저함이 없었다.

1908년 6월 경기도 포천 한 마을에서 체포된 왕산은 서울로 압송돼 심문을 받을 때도 당당했다. 왕산은 의병을 일으킨 동기를 분명히 밝혔다. 일본이 한국의 보호를 주장하지만, 실상은 한국을 강제 병합하려는 흑심을 가졌기에 의병을 일으켰다는 것이다.

왕산을 심문하던 헌병 사령관은 이에 병자를 안마하는 것으로 궤변을 늘어놓는다. 병자의 신체를 주무르는 것이 일견 고통을 주는 것처럼 보이지만 궁극적으로는 치료를 위해 불가피한 과정이라는 논리였다. 이에 왕산은 책상 위 연필을 가리키며 이렇게 반박했다고 한다. "이 연필을 보라. 일견 붉은색이지만 그 내면은 남색이지 않은가. 귀국이 한국을 대하는 것이 이와 같다. 그 표면과 내면이 크게 다름은 다툴 것도 없이 명백한 것이다."

왕산을 심문하던 헌병 사령관은 왕산 허위의 인격과 강직함에 감동해 '國士국사'라 칭하며 존경했다고 전해진다. 왕산을 흠모한 이가 어찌 일본인뿐이겠는가. 왕산 순국 1년 후 하얼빈에서 이토를 처단한 안중근 의사는 선생을 이렇게 평가했다.

허위씨와 같은 진충갈력盡忠竭力 용맹의 기상이 동포 2천 만민에게 있었더라면 오늘의 국욕國辱을 받지 않았을 것이다. 우리나라의 고관高官은 자기 생각만 있고 나라 있음을 모르는 자가 많았다. 그러나 그는 그렇지 않았다. 그러므로 고관 중에 충신이라 할 수 있다.

왕산은 서대문형무소에서 순국했다. 형 집행 전 일본 승려가 명복을 비는 것을 거부하고, 일본 검사가 사후 시신을 거둘 사람이 있느냐는 질문에는 다음과 같이 호통을 친 후 형을 받았다고 한다. "옥중에서 썩어도 무방하니 속히 형을 집행하라." 앞서 설명한 것처럼 훗날 육사 또한 이곳에 수감돼 고초를 겪었다.

육사의 외할아버지는 범산 허형이다. 사촌 왕산 허위에 비해 거의 알려

● 서울 종암동 '문화공간 이육사'에 전시되었던 「水浮船行」이다.

지지 않았지만 범산 또한 한말에 의병을 일으켰다. 그리고 나라가 망하자 모든 기득권을 포기하고 만주로 망명해 자식들과 함께 일본에 맞서 싸운 큰 어른이다.

범산에겐 허민·허발·허규 세 아들이 있었다. 경성과 베이징 육사 이야기를 할 때 허민과 허규에 대해 잠깐 언급한 바 있다. 창경궁 명정전의 편액 글씨를 쓴 이가 큰외삼촌 아정 허민이고, 육사가 폐결핵으로 입원 후 요양한 곳이 일헌 허규의 집이었다. 그래서 여기서는 둘째 외삼촌 일창 허발에 대해서만 살핀다.

최근 육사와 관련해 「水浮船行수부선행」이 공개돼 세간의 주목을 받았다. 이를 직역하면 '물이 배를 띄워 가게 한다.'이다. 모든 일에는 그것을 이루기 위한 나름의 바탕과 조건이 있음을 뜻하는 문구로, 독립운동을 비롯해 학문적 성취 혹은 정신의 성숙 등을 독려하는 의미 등 다양하게 해석될 수 있겠다.

그런데 이 작품은 누가 써서 누구에게 주었을까? 왼쪽 작은 글씨에 힌트가 있다. 첫 줄 '內舅 一蒼'의 '內舅내구'는 외삼촌이라는 뜻이고 '一蒼일창'은 육사의 외삼촌 허발의 호다. 일창 허발은 망국 후 아버지 범산 허형을 모시고 만주로 망명했던 애국지사다. 그가 만주에서 경영하던 일창한약방—蒼漢藥房은 그 지역 독립운동가들의 연락처로 유명했단다.

다음은 '示茁生시줄생 李活이활' 혹은 '永客生영객생 李活이활'로 판독된다. 전자는 '누이의 아들 이활에게 이 글을 보인다.' 정도로 해석되며 이 경우 「水浮船行」을 쓴 이는 일창 허발이 된다. 후자는 '영원히 떠도는 객 이활'로 풀이되는데 이렇게 해석하면 육사가 「水浮船行」을 써 외삼촌 허발에게 드린 것이 된다.

이 작품에 대한 해석은 여전히 분분하다. 그러나 외삼촌이 조카의 항일투쟁을 격려하기 위해 이 글을 썼든, 조카가 외삼촌의 독립운동 자금 지원에 감사하는 마음으로 그랬든, 그도 아니면 두 사람 중 누구라도 상대방에게 일상의 안녕을 묻거나 삶의 보편적 가치를 전하기 위해서였든 나는 그 모두의 의미를 「水浮船行」에서 읽는다.

만주를 호령하며 조국 해방 투쟁에서 산화한 육사의 외가 친척도 있다. 동북항일연군 제3로군 참모장이자, 중국 정부가 공식적으로 선정한 300인 항일영웅열사 '백마 탄 장군' 허형식이다. 허형식의 아버지 허필은 육사의 외할아버지 허형의 친동생이다.

허형식 장군은 항일의 터전이던 만주가 1932년 3월 일제의 괴뢰국으로 전락했을 때 최후까지 항일 무장투쟁에 헌신하다 희생되었다. 1930년대 초반 몇 번의 만주행 때 육사는 허형식을 만났을까. 알 수 없다. 하지만 육사가 그의 명성을 듣지 않을 수는 없었으리라. 「광야」의 '백마 타고 오는 초인'을 허형식으로 추정하기도 하지만, 사실 여부와 관계없이 육사는 분명 외가 친척 허형식을 장하게 여기고 자신의 길을 걸었을 것이다.

> 시인 이육사가 북경에서 총살당했다는 소문은 한심 박통하였다. 아직 젊은 나이에 그가 꿈꾸고 바라던 조국 광복을 보지 못한 채……. 그러나 조국 광복의 간절한 소망을 구구절절이 시로써나마 남겼으니 그나마 다행이다. 내 손녀가 읽어 준 육사 시에는 그가 바라는 손님은 청포를 입고 찾아올 것이라고 하얀 모시 수건을 은쟁반에 준비하라고 했더라. 얼마나 조국 광복을 간절하고 애절한 마음으로 기다렸는지 겪어 본 나는 안다.

육사의 간절함과 애절함을 '겪어 본 나는 안다.'고 '감히' 말하는 이는 누군가? 대한민국임시정부 국무령을 지낸 석주 이상룡의 손지며느리인 허은 여사다. 아홉 살에 가족을 따라 만주로 망명하고 열여섯 나이로 시집가서 망명한 시댁 안살림을 30년 가까이 감당한 분이다. 그녀가 육사의 외삼촌 일창 허발의 딸이니 육사에게는 외사촌 누이가 된다.

해방 이듬해 육사의 동생인 원일, 원조, 원창이 허은 여사의 집을 방문한다. 제사 지내러 안동에 왔다가 외사촌 누나인 허은 여사를 보러 온 것이다. 그때 셋 중 누군가가 "국수 좋아하는데 국수 좀 해주시려는가?"라고 요청했단다. 허은 여사는 "국수를 좋아하면 더 좋지. 반찬을 따로 안 해도 되고." 하며 얼른 칼국수를 해주었단다. 사촌누이의 이어진 회고다. "한 그릇씩 먹고 더 먹는 걸 보고 어찌나 흐뭇했는지 모른다."

허은 여사는 육사의 어머니를 '원촌 고모'라 불렀다. 허은 여사의 기억에 따르면 원촌 고모는 친정에 자주 못 왔다. 출가외인이라는 전통 때문이기도 했지만, 집안이 '왜놈들 때문에 곤욕을 치르는 형편'이었고 6형제를 기르느라 틈이 없었기 때문이다. 그래서 당신 어머니 장례 때도 참례 못 하고 3년상 때에야 올 수 있었단다. 그때 넷째 아들 원조를 데리고 왔는데 한 달 정도 묵어갔다. 그 한 달이 허은 여사에게는 큰 행운이었다. 고모로부터 글을 배웠기 때문이다. 허은 여사가 구술한 『아직도 내 귀엔 서간도 바람소리가』가 전하는 귀한 사연이다.

안 동
육 사
산 책

광야를 달리던 뜨거운 의지여

나는 육사가 의열단원이라고 생각하지 않는다. 선생이 의열단 의백 약산 김원봉이 세운 조선혁명군사정치간부학교 1기 졸업생이고, 그 이전 1920년대 대구에서 기자로 활동하던 당시 의열단과 접촉했다는 전언이 있음에도 그렇다. 육사는 분명 약산이 구축한 해외 독립운동 진영의 영향력 안에서 활동했다. 하지만 육사가 군관학교에 입교한 때 이미 의열단은 의열투쟁에서 전쟁을 통한 무장투쟁으로 노선을 변경했다.

  그렇다고 육사가 의열단과 전혀 접촉이 없었다는 말은 아니다. 의열단 간부인 석정 윤세주와 육사는 지음의 우정을 나눴다고 앞서 소개했다. 육사가 조선혁명군사정치간부학교 입교를 위해 난징으로 향했을 때 동행한 이도 의열단원 하구 김시현이다. 김시현 선생은 영화 「밀정」의 주인공

김우진의 실제 모델이다.

「밀정」은 1923년 의열단의 폭탄 반입 시도, 일명 '황옥 경부 사건'을 모티프로 한다. 결과적으로 실패한 의거지만 반입하려던 폭탄의 성능과 양은 일경을 경악케 하기에 충분했다. 그때 경기도 경찰부 경부 '황옥'이 의열단원인지, 의열단에 침투한 이중간첩인지 논란이 일었다.

재판에서 황옥은 의열단을 일망타진하기 위해 자신이 의열단에 잠입했다고 주장했다. 하지만 해방 후에는 자신이 의열단을 도왔다고 말했다. 어떤 게 진실인지 나는 모른다. 다만 해방 후 이 사건의 핵심 인물 두 명이 모인 적이 있음을 안다. 1945년 11월 안동 출신 김지섭 의사의 사회장에서 김시현 선생은 장례의 집행위원장을 맡았고, 황옥은 고인의 약력을 읽었다.

내가 아는 한에서 김시현 선생의 항일투쟁은 그 어떤 독립운동가보다 처절하고 단호하다. 그런데 해방 후 선생의 삶은 참혹하고 안타깝다. 일경의 고문에 맞서 혀를 깨물어 혀짧은 소리가 된 건 그렇다 해도, 제2대 국회의원을 지낸 선생이 말년에 끼니를 잇지 못할 정도로 가난하게 산 건 쉽게 이해되지 않는다. 나는 '쉽게 이해되지 않는다.'고 썼지만 짐작 가는 데가 없는 건 아니다.

선생의 묘소를 참배하러 갔을 때 이상한 점을 발견했다. 묘역 전체와 봉분은 잘 정비돼 있는데 비문을 새긴 비신碑身이 보이지 않았다. 비신 위에 놓여야 할 개석蓋石은 무덤 옆에 놓여 있고, 비신의 받침돌은 묘소 오르는 길옆 논두렁에 방치돼 있었다.

나는 동네 어르신에게 왜 김시현 선생 묘소에 묘비석이 없느냐고 물었다. 그분은 알 듯 모를 듯한 대답을 했다. "뭐가 맞지 않아서 그랬대." 묘지에 묻힌 분의 행적과 묘비명의 내용이 맞지 않는다고 반대하는 사람이 많

● 안동 김시현 묘소

아 비석을 세우지 못했다는 것이다.

어떤 내용이 맞지 않았을까? 독립운동 경력에 대한 이견은 아니었을 것이다. 아마도 1952년 김시현 선생이 주도한 이승만 저격 사건과 관련된 내용으로 추정된다. 누구와 비교할 수 없을 만큼 치열하게 항일투쟁을 하고 숱한 고난을 겪은 김시현 선생에 대한 독립운동 유공자 서훈이 지금도 이루어지지 않은 이유 또한 그것이리라.

선생을 이야기하자면 부인 권애라 여사를 언급하지 않을 수 없다. 1922년 모스크바에서 열린 극동피압박민족대회에 참가했던 두 사람은 운명적으로 만난다. 잠깐의 여유가 생겨 모스크바 인근의 톨스토이 고택을 찾았던 두 사람이 그곳에서 우연히 만난 것이다. 김시현 선생은 권애라 여사에게 이런 유언을 남기고 먼저 눈을 감았다.

● 안동 '추강김지섭선생기념비'

권 동지, 미안하오. 내가 조국 독립을 위해 몸 바쳐 투쟁했는데도 반쪽 독립밖에 이룩하지 못했소. 여생을 조국 통일 사업에 이바지해 주오.

김시현 선생 생가도 묘소에서 멀지 않다. 선생의 생가는 '김시현 생가'로 검색되지 않고 '안동김씨 북애공 종택'으로 검색된다. 이곳이 경상북도 민속문화재로 지정된 것만 보아도 선생의 집안이 어떠했는지 짐작이 간다.

안동 시내를 가로지르는 낙동강가에 '추강김지섭선생기념비'가 있다. 고려 공민왕의 친필 편액으로 유명한 영호루 옆이다. 이곳은 정확한 건립 연대를 알 수 없지만 공민왕이 홍건적의난 때 이곳에서 군사를 지휘했다

● 왼쪽이 니주바시二重橋, 오른쪽이 사쿠라다몬櫻田門이다.

고 전한다. 영호루는 역대 숱한 문인들이 시제로 삼았지만 가장 앞자리에
선 이는 안동 출신의 김방경 장군이다.

　그는 「題福州暎湖樓제복주영호루」란 시를 지었는데, 현재 영호루에 걸린 시
편액에는 '東征日本 過次福州 登暎湖樓'라는 주가 달려 있다. 작품 원주原
註의 '신사년辛巳年에 동으로 일본을 치다가 군사를 돌이킬 때 복주에 이르
다.'는 내용을 요약한 문장인 듯하다. 여몽연합군의 지휘관으로 일본 정벌
에 나섰다가 돌아올 때 고향 안동에 들렀고, 어린 시절 자주 올랐던 영호
루에 올라 시를 남긴 것이다. 이곳에 김지섭 의사를 기리는 기념비를 세
운 안동 사람들의 마음을 알 듯하다.

　도쿄 일왕 거처 투탄 사건으로 체포된 후 김지섭 의사는 자신의 의거가
실패했다고 판단한 듯하다. 「失敗入獄실패입옥」이라는 시를 남긴 것이다. 시
의 마지막 구절 "원컨대 훗날 동경으로 건너오는 의사들이여, 내가 한 일
을 거울삼아 그대는 공을 이루라."는 당부가 뼈아프다. 8년 후 이봉창 의
사 또한 이곳에서 일왕 처단에 실패하기 때문이다.

● 육사 최초 시비

　그런데 김지섭 의사나 이봉창 의사의 의거는 정말 실패한 것일까? 두 분 모두 회한은 남았을지언정 후회는 없었으리라. 의열투쟁은 그 목적이 암살이나 파괴 그 자체가 아니다. 의거를 통해 메시지를 전달하는 것이 가장 중요했다. 두 분의 의거는 우리 민족의 독립 의지와 일본 제국주의의 악행을 세계만방에 알렸다는 점에서 결코 실패로 규정할 수 없다는 게 내 생각이다.

　육사 안동 답사를 하구 김시현과 추강 김지섭으로 시작한 데 조금 어리둥절한 이도 있겠다. 하지만 나는 그게 바른 순서라고 생각한다. 육사라는 한 경이로운 인간의 삶은 개인의 의지와 노력만으로 파악되지 않는다. 앞서 소개한 집안의 내력과 당대 선배의 앞선 실천을 고려해야 한다. 이제 우리는 본격적으로 육사를 만나러 간다.

● 육사 생가터의 「청포도」 시비와 이육사문학관 앞 「절정」 시비

우리가 먼저 찾을 곳은 육사 시비다. 이 시비는 1964년에 세워진 최초의 육사 시비라 뜻이 깊다. 시비의 원래 위치는 이곳이 아니었다. 앞서 소개한 영호루 건너편 낙동강 강변에 세웠다가 현재 위치로 옮겨졌다. 육사의 첫 번째 시비에 새길 시로 어떤 작품이 선정되었을까? 「광야」다.

광야를 달리던 뜨거운 의지여,
돌아와 조국의 강산에 안기라.

시비 뒷면 비문의 맺음말이다. 육사를 흠모해 격정적인 헌사를 쓴 이는 조지훈 선생이다. 이래저래 볼거리가 많은 시비다. 첫 문장도 아주 근사한데 옮기면 다음과 같다. "曠野^{광야}를 달리는 駿馬^{준마}의 意志^{의지}에는 槽櫪^{조력}의 嘆息^{탄식}이 없고 한마음 지키기에 生涯^{생애}를 다 바치는 志士^{지사}의 千古一轍^{천고일철}에는 成敗^{실패}와 榮辱^{영욕}이 아랑곳없는 법이다."

최초의 시비를 소개한 김에 안동 육사 시비를 일별해 본다. 육사의 생가 자리에는 첫 번째 「청포도」 시비가 있다. 포도알을 형상화한 받침대가 조금 거슬리지만 세월이 흐르니 점점 주변과 잘 어울린다. 이육사문학관 앞에는 육사 동상과 함께 「절정」 시비가 있다. 그러니까 우리는 안동에서 육사의 대표작 「광야」, 「청포도」, 「절정」을 모두 시비로 만날 수 있다.

선생의 명성은 하늘과 땅과 더불어 영원하리라

우리는 이제 도산서원 방향으로 한 시간여 차를 타고 이동한다. 도산서원을 지나 이육사문학관이 있기 때문이다. 출발하기 전 답사하지 못해 아쉬웠던 한 곳을 더 소개한다. 안동 시내를 지나 육사의 시비가 있는 안동댐 아래로 오자면 반드시 지나는 곳이다. 우리 독립운동사 큰 어른의 생가이자 육사와도 인연이 적지 않은 분이 사셨던 공간이다. 현재 복원 중이라 답사할 수 없는 석주 이상룡의 고택 임청각이다.

'한국 정신문화의 수도' 안동, 그중에서도 대표적 인물인 퇴계 선생의 얼이 깃든 도산서원 방향으로 가다 보면 퇴계 종택을 지난다. 안동호의 물줄기를 따라 조금 더 올라가면 멀지 않은 곳에 이육사문학관이 자리 잡고 있다. 이곳은 육사의 고향인 원촌으로, 현재는 이웃 마을인 천사와 합쳐져 행정 지명으로는 원천리다. 육사의 유년 시절 100여 호가 넘었다던 마을은 현재 문학관을 빼고는 호젓하기 그지없다.

많은 이들이 안동에 이육사문학관이 있다는 사실을 모른다. 그 무심함이 아쉽지만 그 이유가 짐작되지 않는 건 아니다. 이육사문학관이 안동 시내에서 한참 떨어져 있기 때문이다. 이육사문학관이 어디쯤 있냐는 질문에 내가 답하는 방식은 한결같다. 도산서원을 가보았느냐고 반문하는 것이다. 그럼 대부분 도산서원은 다녀왔다고 한다. 도산서원에서 차로 5

● 안동 임청각

분 정도 가면 이육사문학관에 닿는다고 나는 대답한다.

　그런데 우리는 이육사문학관에 가기 전 두 곳을 더 답사한다. 퇴계의 종택과 묘소. 육사가 퇴계의 14대손이라는 건 널리 알려져 있다. 그래서 연구자들은 육사의 정신을 퇴계의 도학과 선비정신에서 추론한다. 그런데 현재의 퇴계 종택이 육사에게 강렬한 인상으로 남은 사건은 별로 알려지지 않았다. 앞서 소개한 1907년의 퇴계 종택 방화 사건이다.

　현재의 퇴계 종택은 퇴계 종손인 이충호가 1920년대 다시 지은 것이다. 종택 내 추월한수정秋月寒水亭은 전국 450여 문중이 낸 성금으로 재건되었다니 퇴계에 대한 존숭이 어떠한지 짐작할 수 있다.

　퇴계 종택에서 동북쪽으로 바라보이는 야트막한 산자락에 퇴계 묘소가 있다. 풍수지리에 밝은 이들은 이곳이 천하 명당이라는데 나는 잘 모

● 봉화 금씨 묘소

르겠다. 그것보다 더 인상적인 것은 퇴계의 며느리 봉화 금씨 묘가 퇴계 묘소 아래에 있다는 사실이다. 그녀는 살아생전 아버님을 잘 모시지 못했다며 죽어서도 아버님을 모실 수 있게 이곳에 묘를 써달라고 유언했단다. 듣기에 따라선 불편한 이야기일 수 있지만 나는 봉화 금씨의 진심을 믿고 싶다.

내가 시아버님 살아 계실 적에 여러 가지로 부족해 극진히 모시지를 못했다. 그래서 죽어서라도 다시 아버님을 정성껏 모시고 싶으니, 내가 죽거든 반드시 아버님 묘소 가까이에 묻어주도록 하거라.

퇴계 묘소에는 선생이 직접 쓴 자찬묘지명^{自撰墓誌銘}만이 있다. 조카에게

● 퇴계 묘소

받아 적게 한 유계의 첫 번째는 국장을 극구 사양하라는 것이었고 셋째는
비문을 쓰지 말라는 것이었기 때문이다. 그러나 선생 사후 장례는 국장으
로 치러졌고 왕명으로 비문도 작성되었다. 8년 동안 편지로 사단칠정 논
쟁을 벌였던 고봉 기대승이 명을 받았다. 스승의 뜻을 잘 알았던 고봉은
마음껏 스승에 대한 존숭을 드러낼 수 없었다. 그러다 선생 사후 30년이
지나 제자는 못내 이길 수 없는 마음을 작은 비석에 새겨 스승 무덤 앞에
묻었다고 전해진다.

세월이 흐르면 언젠가 산도 허물어져 낮아지고
돌도 삭아 부스러지겠지만
선생의 명성은 하늘과 땅과 더불어 영원하리라.

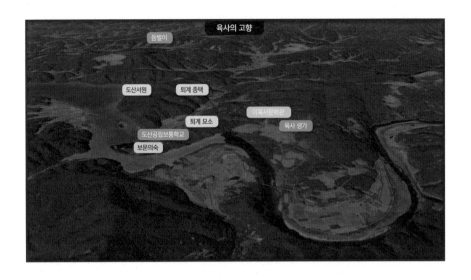

육사의 고향

틈벌이
도산서원   퇴계 종택
이육사문학관
퇴계 묘소
도산공립보통학교   육사 생가
보문의숙

　거칠게 요약하면 주자학에서 도란 사람이 바르게 살아가는 길이다. 이런 도가 무엇인지 궁리하는 것이 도학이다. 도학을 탐구하고 실천하는 과정에서 사람은 자기완성에 이른다. 그러므로 도는 추상적-관념적이기보단 구체적-일상적이다.

　주자학은 지식과 도덕성을 동일시했다. 즉 학문의 성취를 수양의 척도로 삼은 것이다. 때에 맞는 올바른 행동양식이 도라고 퇴계는 가르쳤고 또 이를 평생 실천했다. 망국의 때를 살았던 육사에게 도는 그럼 무엇이었을까? 퇴계의 후손으로서 그 답은 자명했을 것이다.

　물론 육사의 뿌리가 퇴계 후손으로서 주리론에만 있는 건 아니다. 그가 일본과 중국 유학을 통해 경험했던 당대의 신사상, 사회주의도 그 한 축을 담당한다. 그는 과거와 혈연에 의지해 보황주의로 퇴행하지도 않았지만, 신사상의 충격에 감격해 교조적 사회주의로 파행하지도 않았다. 그는

● 왕모산 정상에서 바라본 육사 고향으로, 왼쪽 모던한 건물군이 '이육사문학관'이다.

과거와 현재를 통찰해 자신을 적확하게 자리매김했다.

　육사가 성리학에서 출발해 사회주의를 경유하고 이 둘을 높은 단계에서 지양한 것이 민족이었다고 나는 생각한다. 따라서 육사에게 민족은 배타적이거나 고루한 것이 아니라 지켜야 할 현실이었고 미래였다. 나는 그렇게 육사를 읽는다.

民族詩人민족시인과 평장

퇴계 묘소를 내려와 야트막한 고개를 넘으면 이육사문학관에 닿는다. 흔히 문학관 자리를 육사의 생가터로 알고 있는데 그렇지 않다. 문학관에서 동쪽으로 백여 미터 가면 '六友堂遺墟址碑육우당유허지비'가 서 있는데 이곳이

● 이장 전 이육사 선생과 안일양 여사 묘소

생가터다.

　형제간의 우애를 기리는 비석은 달리 유례가 없다. 하지만 육사 생가에 여섯 형제의 우애를 기린다는 뜻의 당호가 붙었던 건 아니다. 육사 6형제는 자라면서 우애도 커졌다 한다. 장진홍 의거로 체포돼 고문을 당할 때 형은 동생을 위해, 동생은 형님을 위해 자신이 모든 일을 주도했다고 주장했단다. 맏형의 안부를 둘째에게 묻고 둘째의 안부를 셋째, 넷째에게 물었을 만큼 6형제는 그리도 우애 좋게 지냈다고 한다. 그것을 기억해 훗날 六友堂육우당이라는 당호를 붙인 것이다.

　그런데 지도앱에 '이육사 생가'를 검색하면 이육사문학관이 있는 원천리가 아니라 안동 시내 모처가 뜬다. 주소가 '안동시 포도길8'이라 이곳이 육사 생가와 어떤 관련이 있음을 짐작할 수 있다. 이곳 건물이 원래 육사

● 평장한 이육사 선생과 안일양 여사 묘소

생가가 맞긴 하다. 안동댐 건설로 수몰을 피해 안동 시내로 옮겨진 것이다. 하지만 제대로 관리되지 못하고, 개방도 하지 않아 까치발을 하고 담 너머를 들여다볼 수 있을 뿐이다.

처음 육사 선생 묘소를 찾았을 때 나는 묘소 사진이 드문 게 무척 의아했다. 그런데 참배를 위해 산을 오르고 보니 사정이 이해되었다. 육사의 묘소는 문학관에서 한 시간 정도 산길을 올라야 닿을 수 있었다. 번듯한 길도 없어 찾기도 쉽지 않았다. 그러나 오랜 세월 여러 단체에서 정성껏 걸어둔 다양한 표지판이 있어 길 잃을 염려는 없었다. 선생을 기리는 이들이 많아 외딴곳이지만 육사는 외롭지 않으리라.

첫 참배 이후 나는 안동 답사 때마다 육사 선생 묘소 답사를 철칙으로 삼았다. 선생 묘소 참배에는 어떤 예외도 두지 않았다. 그래서 한성여고 제자들과 종암동 주민은 2시간 넘게 소요되는 산길을 걸어 선생의 묘소를 참배했다. 힘들다고 투덜거리는 아이들에게 나는 고단했던 육사의 일생을 생각하자고 다독이며 산길을 올랐다.

육사의 묘소는 부인 안일양 여사의 묘와 나란히 자리 잡고 있었다. 고향 마을이 내려다보이는 환하고 따뜻한 곳이다. 어둡고 찬 감옥에서 숱한 고초를 겪고 숨을 거둔 선생이기에 특히 더 마음이 놓였다. 묘비석에는 '民族詩人' 넉 자가 당당하다.

원래 선생 묘소는 서울 미아리 공동묘지에 있었다. 1944년 1월 베이징에서 순국하고 유골을 수습해 성북동에서 장례를 치렀기 때문이다. 미아리에는 육사 선생 묘소뿐만 아니라, 육사의 아버지와 어머니, 그리고 큰형님의 묘소도 있었다. 지금의 위치로 이장한 건 1960년이다.

육사 묘소와 관련해 내가 가장 흥미롭게 들은 이야기는 옥비 여사가 멧돼지를 만난 일이다. 옥비 여사가 처음 안동에 내려왔을 때 지암 고택에 사셨는데 인척인 도산서원장이 매일같이 차로 출근을 시켜 주었단다. 그게 부담스러워 아침 일찍 버스를 타고 문학관에 왔고, 그래서 매일 부모님 묘소에 가셨단다.

그런데 하루는 묘소 가는 길에 멧돼지 가족을 만난 것이다. 그래서 세 시간 동안 꼼짝 않고 그 자리에 서 있었단다. 이틀 전 면사무소 직원이 와 멧돼지를 만났을 때의 대응 방법을 알려 주어 천행으로 무사할 수 있었다는 것이다. 새끼를 거느린 멧돼지가 더 포악한 편인데 새끼 네 마리를 거느린 어미 멧돼지였음에도.

나는 이 이야기를 묘소 가는 길에 제자들에게 해주곤 했다. 아이들은 멧돼지보다 무섭게 구는 선생의 호통에 불퉁거릴 수도 없고 애먼 산길만 타박했다. 그래도 아이들은 고맙게 내 '독선'과 '독단'을 견뎌 주었다. 육사를 사랑하고 '추앙'하는 마음이 한몫했을 거라는 걸 나는 누구보다 잘 안다.

2023년 4월 5일, 이육사 선생과 안일양 여사 묘소가 이육사문학관 바로 옆 동쪽 언덕으로 이장되었다. 3일 후 답사 일행과 이장된 묘소를 찾고 나는 깜짝 놀랐다. 봉분이 없었기 때문이다. 분명 이장을 마쳤다고 했는데 아직 봉분을 만들지 않았나, 어리둥절해 있을 때 이육사문학관 신준영 선생이 평장平葬을 했다고 귀띔해 주었다.

평장이라니! 아버지를 닮아 대범하고 시대를 앞서가는 옥비 여사가 그저 경이로울 뿐이었다. 나는 정신을 차리고 옥비 여사를 모시고 일행들과 기념사진을 찍었다. 그리고 인위적인 봉분마저 없이 말 그대로 땅으로 '돌아가신' 이육사 선생과 안일양 여사가 양지바른 이곳에서 영면하길 간절히 빌었다.

육사의 삶이 궁금하다면

고은주, 『그 남자 264』, 문학세계사

김학동, 『이육사 評傳』, 새문사

김희곤, 『이육사, 광야에 선 민족시인』, 역사공간

박현수, 『한 권에 담은 264작은문학관』, 264작은문학관

외솔회, 『나라사랑』, 제16집

육사의 작품이 궁금하다면

박현수, 『원전주해 이육사 시전집』, 예옥

손병희 주해, 『이육사의 시와 편지』, 소명출판

손병희 주해, 『이육사의 소설과 수필』, 소명출판

심원섭, 『원본 이육사 전집』, 집문당

장문석 주해, 『이육사의 평론과 기사』, 소명출판

홍석표 주해, 『이육사의 중국 평론과 번역』, 소명출판

육사의 작품 세계가 궁금하다면

권서각 외, 『이육사 문학과 저항정신』, 이육사문학관

김용직, 『이육사』, 서강대학교출판부

도진순, 『강철로 된 무지개』, 창비

이동영, 『이육사』, 문학세계사

강진우 편주, 『문향첩(여천 이원조의 시와 산문)』, 월인

김사량, 『노마만리』, 실천문학사

김삼웅, 『약산 김원봉 평전』, 시대의창

김영범, 『윤세주(의열단 민족혁명당 조선의용대의 영혼)』, 역사공간

김용직, 『김태준 평전』, 일지사

김학철, 『항전별곡』, 보리

김학철, 『최후의 분대장』, 보리

김희곤 편, 『이육사의 독립운동 자료집』, 이육사문학관

김희곤, 『김시현(항일투쟁에서 반독재투쟁까지)』, 지식산업사

김희곤, 『왕산 허위의 나라사랑과 의병전쟁』, 구미시·안동대학교 박물관

박민영, 『거룩한 순국지사(향산 이만도)』, 지식산업사

신석초, 『시는 늙지 않는다』, 융성출판

염인호, 『조선의용군의 독립운동』, 나남출판

이정식·한홍구, 『항전별곡(조선독립동맹 자료 I)』, 거름

허은·변창애, 『아직도 내 귀엔 서간도의 바람소리가』, 민족문제연구소

육사, 걷다

초판 1쇄 인쇄 2024년 1월 16일
초판 1쇄 발행 2024년 1월 16일

지은이 | 김태빈
발행인 | 이선애

디자인 | 채민지
교　정 | 김동욱

발행처 | 도서출판 레드우드
출판신고 | 2014년 07월 10일(제25100-2019-000033호)
주소 | 서울시 구로구 항동로 72, 하버라인 402동 901호
전화 | 070-8804-1030　　팩스 | 0504-493-4078
이메일 | redwoods88@naver.com
블로그 | blog.naver.com/redwoods88

ISBN 979-11-87705-35-2 (03910)
값 17,000원

이 도서는 한국출판문화산업진흥원의 '2023년 중소출판사 출판콘텐츠 창작 지원 사업'의 일환으로 국민체육진흥기금을 지원받아 제작되었습니다.